新版 全国一级建造师
执业资格考试三阶攻略

建设工程经济
一级建造师考试 100 炼

浓缩考点　　提炼模块　　提分秘籍

嗨学网考试命题研究组　编

北京理工大学出版社
BEIJING INSTITUTE OF TECHNOLOGY PRESS

版权专有　侵权必究

图书在版编目（CIP）数据

建设工程经济.一级建造师考试100炼 / 嗨学网考试命题研究组编. -- 北京 : 北京理工大学出版社, 2024.6. (全国一级建造师执业资格考试三阶攻略).
ISBN 978-7-5763-4272-7

Ⅰ.F407.9-44

中国国家版本馆CIP数据核字第2024V6M311号

责任编辑：封　雪　　　　文案编辑：毛慧佳
责任校对：刘亚男　　　　责任印制：边心超

出版发行 / 北京理工大学出版社有限责任公司
社　　址 / 北京市丰台区四合庄路6号
邮　　编 / 100070
电　　话 / （010）68944451（大众售后服务热线）
　　　　　 （010）68912824（大众售后服务热线）
网　　址 / http://www.bitpress.com.cn

版 印 次 / 2024年6月第1版第1次印刷
印　　刷 / 天津市永盈印刷有限公司
开　　本 / 889 mm × 1194 mm　1/16
印　　张 / 8.5
字　　数 / 220千字
定　　价 / 58.00元

图书出现印装质量问题，请拨打售后服务热线，本社负责调换

嗨学网考试命题研究组

主　　编：王晓波

副 主 编：李　理

其他成员：陈　行　　杜诗乐　　黄　玲　　寇　伟　　李　理

　　　　　　李金柯　　林之皓　　刘　颖　　马丽娜　　马　莹

　　　　　　邱树建　　宋立阳　　石　莉　　王　欢　　王晓波

　　　　　　王晓丹　　王　思　　武　炎　　许　军　　谢明凤

　　　　　　杨　彬　　杨海军　　尹彬宇　　臧雪志　　张　峰

　　　　　　张　琴　　朱　涵　　张　芬　　伊力扎提·伊力哈木

前言

注册建造师是以专业技术为依托，以工程项目管理为主业的注册执业人士。注册建造师执业资格证书是每位从业人员的职业准入资格凭证。我国实行建造师执业资格制度后，要求各大、中型工程项目的负责人必须具备注册建造师资格。

"一级建造师考试100炼"系列丛书由嗨学网考试命题研究组编写而成。编写老师在深入分析历年真题的前提下，结合"一级建造师考试100记"知识内容进行了试题配置，以帮助考生在零散、有限的时间内进一步消化考试的关键知识点，加深记忆，提高考试能力。

本套"一级建造师考试100炼"系列共有6册，分别为《建设工程经济·一级建造师考试100炼》《建设工程项目管理·一级建造师考试100炼》《建设工程法规及相关知识·一级建造师考试100炼》《建筑工程管理与实务·一级建造师考试100炼》《市政公用工程管理与实务·一级建造师考试100炼》《机电工程管理与实务·一级建造师考试100炼》。

在丛书编写上，编者建立了"分级指引、分级导学"的编写思路，设立"三级指引"，给考生以清晰明确的学习指导，力求简化学习过程，提高学习效率。

一级指引：专题编写，考点分级。 建立逻辑框架，明确重点。图书从考试要点出发，按考试内容、特征及知识的内在逻辑对科目内容进行解构，划分专题。每一专题配备导图框架，以帮助考生轻松建立科目框架，梳理知识逻辑。

二级指引：专题雷达图，分别从分值占比、难易程度、案例趋势、实操应用、记忆背诵五个维度解读专题。 指明学习攻略，明确掌握维度。针对每个考点进行星级标注，并配置3~5道选择题。针对实务科目在每一专题下同时配备了"考点练习"模块（案例分析题）帮助考生更为深入地了解专题出题方向。

三级指引：随书附赠色卡，方便考生进行试题自测。

本套丛书旨在配合"一级建造师考试100记"帮助考生高效学习，掌握考试要点，轻松通过注册建造师考试。编者在编写过程中虽已反复推敲核证，但疏漏之处在所难免，敬请广大考生批评指正。

目录

CONTENTS

第一部分 前 瞻 / 1

第二部分 金题百炼 / 4

    专题一 工程经济 / 4

    专题二 工程财务 / 29

    专题三 工程计价 / 58

第三部分 触类旁通 / 119

第一部分 前瞻

一、考情分析

1.试卷构成

科目	考试时长	题型	题量/道	分数/分	满分/分	合格标准/分
经济	9：00—11：00	单选题	60	60	100	60
		多选题	20	40		
法规	14：00—17：00	单选题	70	70	130	78
		多选题	30	60		
管理	9：00—12：00	单选题	70	70	130	78
		多选题	30	60		
实务	14：00—18：00	单选题	20	20	160	96
		多选题	10	20		
		案例题	5	120		

"建设工程经济"科目考试题型全部为客观题，包括单项选择题和多项选择题。考试注重考查考生对知识点的记忆、理解，考题基本出自教材本身，相比于"实务"科目，"经济"科目考题超纲题目较少。

"建设工程经济"科目复习备考应基于教材及考试大纲，以历年真题为复习方向。同时，备考过程中应谨记建造师考试是合格性考试，复习应有主有次，复习重点应放在常规考点上。所谓"重者恒重"，考试的核心内容是基本固定的，每年虽有变化，但涉及的主要知识点基本不变。反反复复考的知识点就是容易出题的地方，考生要高度重视！

2.专题划分

经济教材分为三篇，对应本书三个专题。各专题近五年考试分值分布见下表。

专题	分值预估/分
专题一 工程经济	15
专题二 工程财务	29
专题三 工程计价	56

专题一 工程经济

本专题知识内容较多，包含诸多基本概念和十几个公式，相互之间存在关联，理解和记忆难度较大。学习时应注重典型题目练习，以题带点，通过题目练习加深对公式的理解和掌握。

专题二　工程财务

本专题讲解财务基础知识，内容较多，有很多的财务专有名词需要理解，考查相对简单，"包含"类题目考查较多。学习时，要注重对基础知识的掌握，不需要精准记忆，通过理解能做对题目即可。

专题三　工程计价

本专题讲解在不同的阶段对工程造价的测算，以满足不同阶段的需求。这部分内容对我们专业考生来说，理解起来相对容易，平时工作多有涉及。另外，本专题重复内容较多，考查分数占到卷面分数一半以上，是核心重点内容。学习时，多做经典题目，掌握核心考点。

二、题型分析及答题技巧

	典型考法	题型示例	卷面比重
填空题	一句话考查方式，对关键词进行挖空	"国际工程投标报价中，估价师根据以往的实际经验直接估算出分项工程中人、料、机的消耗量，从而估算出分项工程单价的估价方法是（　　）。"	15%
排序题	程序题目，排列出正确的顺序，或者问某一工作的前项工作或后项工作	"利用概算定额法编制单位建筑工程概算的方法有：①确定分部分项工程概算定额基价；②列出分部分项工程并计算工程量；③计算企业管理费、利润、规费和税费；④计算单位工程概算定价；⑤计算单位工程的人、料、机费用，编制步骤顺序正确的是（　　）。"	2%
归属题	对不同分类的归属判断。一般问法是"属于……的是（　　）"	"根据《中华人民共和国企业所得税法》，下列企业取得的收入中，属于不征税收入的是（　　）。"	30%
计算题	考查公式应用	"某公司年初存入银行100万元，年名义利率4%，按季复利计息。第5年年末该笔存款本利和约为（　　）万元。"	18%
综合判断题	每个选项都需要单独进行判断。一般问法是"关于……正确的是（　　）"或"关于……错误的是（　　）"	"关于经济效果评价中独立型方案和互斥型方案的说法，正确的是（　　）。"	35%

本科目考试题目分为单项选择题和多项选择题，对于单项选择题，四选一，宁可错选，不可不选。对于多项选择题，五选多，宁可少选，不可多选；同时，可采取下列方法作答：

①直接法。直接选择自己认为一定正确的选项。

②排除法。如果无法采用直接法，且由于正确选项几乎直接来自教材，因此首先排除明显不全面、不完整或不正确的选项，其次排除由命题者设计的干扰选项，从而提高客观题的正确率。

③比较法。对各选项加以比较，分析它们之间的不同点，考虑它们之间的关系，通过对比分析判断出题者的意图。

④推测法。利用上下文推测题意，结合常识判断其义，以期选出正确的选项。

考试分数采用机读评卷，必须使用2B铅笔在答题卡上作答，要特别注意答题卡上的选项是横排还是竖排，不要涂错位置。单项选择题共70题，每题1分，每题的备选项中，只有1个最符合题意。多项选择题共30题，每题2分，每题的备选项中，有2个或2个以上符合题意，至少有1个错项，错选本题不得分，少选所选的每个选项得0.5分。

三、100炼的编写

本书从内容关联性出发，将"经济"科目划分为三个专题——"工程经济""工程财务""工程计价"，与"100记"系列图书相对应。

"金题百炼"部分，题目按100记对应考点编排，每个考点均搭配选取典型题目，供考生练习。

"触类旁通"部分，为考生总结"经济"科目中一类常见的考题，即"常考公式"，公式考查每年分数为14~20分。该部分把常考公式汇总在一起，便于考生自查是否记住、是否掌握。

第二部分　金题百炼

专题一　工程经济

导图框架

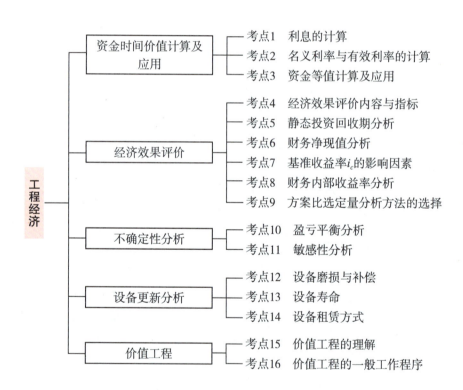

专题雷达图

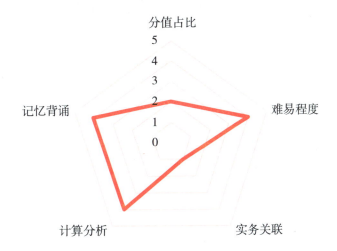

分值占比： 本专题在经济考试中分值占比适中，15分左右。

难易程度： 本专题考点较多，相互之间有一定关联性，学习难度较高。

实务关联： 本专题与实务考试相关联考点不多。

计算分析： 本专题公式考查较多，需多加记忆，多做练习。

记忆背诵： 本专题记忆部分较多，需理解后再记忆。

考点练习

考点1 利息的计算 ★★★

1.关于利息与利率的说法，正确的有（　　）。

A.利息是资金收益或使用代价的相对数　　B.社会平均利润率是决定利率水平的首要因素

C.政府宏观调控政策会影响市场利率波动　　D.经济处于扩张期，利率下降

E.借出资本的风险越高，其利率可能越高

【答案】BCE

【解析】A选项错误，利息是资金收益或使用代价的绝对数。D选项错误，经济处于扩张期，利率上升。

2.某公司年初借入资金1000万元，期限3年，按年复利计息，年利率10%，到期一次性还本付息。则第3年年末应偿还的本利和为（　　）万元。

A.1210　　　　　　B.1300　　　　　　C.1331　　　　　　D.1464

【答案】C

【解析】根据题意，判断采用复利公式计算，$F=P\times(1+i)^n=1000\times(1+10\%)^3=1331$（万元）。

3.某企业年初从银行借款1000万元，期限3年，单利计息，年利率5%，银行要求每年年末支付当年利息，则第3年年末需偿还的本息和是（　　）万元。

A.1050　　　　　　B.1100　　　　　　C.1150　　　　　　D.1157.63

【答案】A

【解析】根据题意，判断采用单利公式计算，第3年年末本利和$F=1000\times5\%+1000=1050$（万元）。

4.某施工企业拟从银行借款500万元，期限为5年，年利率为8%，下列还款方式中，施工企业支付本利和最多的还款方式是（　　）。

A.每年年末偿还当期利息，第5年年末一次还清本金

B.第5年年末一次还本付息

C.每年年末等额本金还款，另付当期利息

D.每年年末等额本息还款

【答案】B

【解析】本金都是一样的，利息最多的，就是这个过程中没有归还过本金和利息的，因为只有这样，下一年计算利息的基数才是最大的。几个选项中，只有B选项中途没有归还过本金和利息，所以B选项施工企业支付本利和最多。

5.某企业以单利计息的方式于年初借款1000万元，年利率6%，每年年末支付利息，第5年年末偿还全部本金，则第3年年末应支付的利息为（　　）万元。

A.300　　　　　　B.180　　　　　　C.71.46　　　　　　D.60

【答案】D

【解析】单利计息，每年年末支付利息，则第3年年末应支付利息为：$1000\times6\%=60$（万元）。

6.某施工企业向银行借款250万元，期限2年，年利率6%，半年复利计息一次，第2年年末还本付息，则到期企业需支付给银行的利息为（　　）万元。

A.30.00　　　　　　B.30.45　　　　　　C.30.90　　　　　　D.31.38

【答案】D

【解析】$250\times(1+6\%/2)^4-250=31.38$（万元）。

考点2　名义利率与有效利率的计算★★★

1.某项贷款年名义利率为10%，半年复利计息一次，则该项贷款的年有效利率为（　　）。

A.10.25%　　　　　　B.10.38%　　　　　　C.10.43%　　　　　　D.10.50%

【答案】A

【解析】年有效利率 $i_{\text{eff}} = \left(1 + \dfrac{10\%}{2}\right)^2 - 1 = 10.25\%$。

2.某公司同一笔资金有如下四种借款方案，均在年末支付利息，则优选的借款方案是（　　）。

A.年名义利率3.6%，按月计息　　　　　　B.年名义利率4.4%，按季度计息

C.年名义利率5.0%，半年计息一次　　　　D.年名义利率5.5%，一年计息一次

【答案】A

【解析】年有效利率最小的，支付的利息最少。A选项的年有效利率：$\left(1 + \dfrac{3.6\%}{12}\right)^{12} - 1 = 3.66\%$。B选项的年有效利率：$\left(1 + \dfrac{4.4\%}{4}\right)^4 - 1 = 4.47\%$。C选项的年有效利率：$\left(1 + \dfrac{5\%}{2}\right)^2 - 1 = 5.06\%$。D选项的年有效利率：5.5%。年有效利率最小的为A选项。

3.关于年有效利率和名义利率的说法，正确的有（　　）。

A.当每年计息周期数大于1时，名义利率大于年有效利率

B.年有效利率和名义利率就像复利和单利的关系，年有效利率更能准确反映资金的时间价值

C.名义利率与年有效利率的差异，主要取决于实际计息期与名义计息期的差异

D.名义利率为r，一年内计息m次，则计息周期利率为r×m

E.当每年计息周期数等于1时，年有效利率等于名义利率

【答案】BCE

【解析】A选项说反了，应该是"小于"；D选项是"r/m"；其余选项说法正确。

4.企业年初借入一笔资金，年名义利率为6%，按季度复利计算，年末本利和为3184.09万元，则年初借款金额是（　　）万元。

A.3004.86　　　　B.3000.00　　　　C.3018.03　　　　D.3185.03

【答案】B

【解析】年有效利率为（1+6%/4）⁴-1=6.136%，P=3184.09/（1+6.136%）=3000.00（万元），B选项正确。

5.名义利率12%，每季度计息一次，则实际年利率为（　　）。

A.12.68%　　　　B.12.55%　　　　C.12.49%　　　　D.12.00%

【答案】B

【解析】年有效利率=（1+12%/4）⁴-1=12.55%。

6.某企业拟存款200万元，下列存款利率和计息方式中，在第5年年末存款本利和最多的是（　　）。

A.年利率6%，按单利计算　　　　　　B.年利率5.5%，每年复利一次

C.年利率4%，每季度复利一次　　　　D.年利率5%，每半年复利一次

【答案】B

【解析】年有效利率越大利息越多。B、C、D 选项需比较有效年利率，A、B 选项需比较本利和大小。经比较，B 选项本利和最多。

考点3　资金等值计算及应用★★★

1.关于现金流量图绘制规则的说法，正确的有（　　）。

A.横轴为时间轴，向右延伸表示时间的延续

B.对投资人而言，横轴上方的箭线表示现金流出

C.垂直箭线代表不同时点的现金流量情况

D.箭线长短应体现各时点现金流量数值的差异

E.箭线与时间轴的交点即为现金流量发生的时点

【答案】ACDE

【解析】横轴为时间轴，向右延伸表示时间的延续，A 选项正确。对投资人而言，横轴上方箭线表示现金流入，下方的箭线表示现金流出，B 选项错误。垂直箭线代表不同时点的现金流量情况，C 选项正确。箭线长短应体现各时点现金流量数值的差异，D 选项正确。箭线与时间轴的交点即为现金流量发生的时点，E 选项正确。

2.某公司年初向银行存入一笔款项，存款年利率为6%，按复利计息。在第3年年末本利和为1157.63万元。则该公司年初应存入（　　）万元。

A.971.97　　　　　B.981.04　　　　　C.1000.00　　　　　D.1092.10

【答案】A

【解析】根据题干背景，本题已知 F，求 P。

$$P=\frac{F}{(1+i)^n}=\frac{1157.63}{(1+6\%)^3}=971.97（万元）。$$

3.某施工企业每年年末存入银行100万元，用于3年后的技术改造，已知银行存款年利率为5%，按年复利计息，则到第3年年末可用于技术改造的资金总额为（　　）万元。

A.331.01　　　　　B.330.75　　　　　C.315.25　　　　　D.315.00

【答案】C

【解析】已知年金 A 求终值 F。年金 $A=100$（万），$n=3$（年），$F=A\dfrac{(1+i)^n-1}{i}=100\times\dfrac{(1+5\%)^3-1}{5\%}=315.25$（万元）。

4.关于经济评价中等值计算公式的说法，正确的有（　　）。

A.计息期数为时点或时标，本期期末即等于下期期初。0点就是第一期期初，也叫零期

B.P 是在第一计息期开始时（0期）发生

C.F 发生在考察期期末，即 n 期期末

D.各期的等额支付A，发生在各期期初

E.当问题包括P与A时，系列的第一个A与P同时发生

【答案】ABC

【解析】A发生在各期期末，A与P不是同时发生的，所以D、E选项错误，故A、B、C选项说法正确。

5.在资金等值计算中，下列表述正确的是（　　）。

A.P一定，n相同，i越高，F越大

B.P一定，i相同，n越大，F越小

C.F一定，i相同，n越大，P越大

D.F一定，n相同，i越高，P越大

【答案】A

【解析】在P一定、n相同时，i越高，F越大；在i相同时，n越大，F越大。在F一定、n相同时，i越高，P越小；在i相同时，n越大，P越小。故只有A选项正确。

6.某人连续6年每年年末存入银行50万元，银行年利率8%，第6年年末一次性收回本金和利息，则到期可以回收的金额为（　　）万元。

A.366.80　　　　B.324.00　　　　C.235.35　　　　D.373.48

【答案】A

【解析】根据$F=A(F/A, i, n)=[A(1+i)^n-1]/i$，可知，到期可以回收的金额=$[50×(1+8\%)^6-1]/8\%$=366.80（万元）。

考点4　经济效果评价内容与指标★

1.关于技术方案经济效果评价的说法，正确的是（　　）。

A.经济效果评价应定性分析和定量分析相结合，以定性分析为主

B.经济效果动态分析不能全面地反映技术方案整个计算期的经济效果

C.融资前经济效果分析通常以静态分析为主、动态分析为辅

D.方案实施前经济效果分析通常存在一定的不确定性和风险性

【答案】D

【解析】在技术方案经济效果评价中，应坚持定量分析与定性分析相结合，以定量分析为主，A选项错误；动态分析能较全面地反映技术方案整个计算期的经济效果，B选项错误；融资前分析应以动态分析为主、静态分析为辅，C选项错误。

2.对于经营性项目，通过财务报表分析，计算财务指标进行经济效果评价的内容有（　　）。

A.盈利能力分析　　　　　　　　　　　　B.经济敏感分析

C.偿债能力分析　　　　　　　　　　　　D.财务生存能力分析

E.经济费用效益分析

【答案】ACD

【解析】经营性方案评价盈利能力、偿债能力、财务生存能力，非经营性方案评价财务生存能力。故A、C、D选项正确。

3.下列技术方案经济效果评价指标中，属于静态评价指标的有（　　）。

A.投资收益率 B.内部收益率
C.财务净现值 D.速动比率
E.利息备付率

【答案】ADE

【解析】B、C选项为动态评价指标。

4.下列技术方案经济效果评价指标中，属于价值型指标的有（　　）。

A.动态投资回收期 B.净年值
C.效益费用比 D.费用年值
E.资产负债率

【答案】BD

【解析】①价值型指标有财务净现值、费用现值、净年值、费用年值。②时间型指标有静态投资回收期、动态投资回收期。③比率型指标有效益费用比，以及各种分子比分母的计算的比率。A选项属于时间性指标，C、E选项属于比率型指标。

5.技术方案经济效果评价中的计算期包括技术方案的（　　）。

A.投资建设期 B.投产期
C.投资前策划期 D.达产期
E.后评价期间

【答案】ABD

【解析】技术方案的计算期是指在经济效果评价中为进行动态分析所设定的期限，包括建设期和运营期，运营期又分为投产期和达产期两个阶段。

考点5　静态投资回收期分析★★

1.某项目估计建设投资为1000万元，全部流动资金为200万元，建设当年即投产并达到设计生产能力，各年净收益均为270万元。则该项目的静态投资回收期为（　　）年。

A.2.13　　　　B.3.70　　　　C.3.93　　　　D.4.44

【答案】D

【解析】投资回收期 $P_t = \dfrac{1000+200}{270} = 4.44$（年）。

2.某技术方案的净现金流量如下表（单位：万元），则该方案的静态投资回收期为（　　）年。

计算期/年	0	1	2	3	4	5
现金流入		1000	1000	1000	1000	1000
现金流出	1000	600	500	400	300	200

A.2.13　　　　B.3.70　　　　C.3.93　　　　D.2.17

【答案】D

【解析】求累计净现金流量如下表（单位：万元）：

计算期/年	0	1	2	3	4	5
现金流入		1000	1000	1000	1000	1000
现金流出	1000	600	500	400	300	200
净现金流量	-1000	400	500	600		
累计净现金流量	-1000	-600	-100	500		

设第三年需要x年正好回收剩余投资：$\dfrac{x}{100} = \dfrac{1}{600}$，$x=0.17$（年），投资回收期=2+0.17=2.17（年）。

3.关于静态投资回收期特点的说法中正确的是（　　）。

A.静态投资回收期只考虑了方案投资回收之前的效果

B.静态投资回收期可以单独用来评价方案是否可行

C.若静态投资回收期大于基准投资回收期，则表明该方案可以接受

D.静态投资回收期越长，表明资本周转速度越快

【答案】A

【解析】投资回收期指标不可靠，只能作为辅助评价指标，不能单独使用，B选项错误；P_t静态投资回收期≤P_c（基准投资回收期），方案可行，C选项错误；静态投资回收期越短，表明资本周转速度越快，D选项错误。

4.某项目估计建设投资为800万元，建设期利息为400万元，全部流动资金为300万元，建设当年即投产并达到设计生产能力，各年净收益均为300万元。则该项目的静态投资回收期为（　　）年。

A.2.13　　　　B.3.67　　　　C.4　　　　D.5

【答案】D

【解析】总投资=建设投资+建设期利息+流动资金，静态投资回收期=（800+400+300）/300=5（年）。

5.现有甲和乙两个项目，静态投资回收期分别为4年和6年，该行业的基准投资回收期为5年。关于这两个项目的静态投资回收期的说法，正确的是（　　）。

A.甲项目的静态投资回收期只考虑了前4年的投资效果

B.乙项目考虑全寿命周期各年的投资效果，确定静态投资回收期为6年

C.甲项目投资回收期小于基准投资回收期，据此可以准确判断甲项目可行

D.乙项目的资本周转速度比甲项目更快

【答案】A

【解析】静态投资回收期只考虑回收之前的投资效果，不够全面，不能据以判断项目是否可行。若 $P_t \leq P_c$，则方案可以考虑接受，并不是准确判断可行。回收期越短，周转速度越快，B、C、D 选项错误。

考点6　财务净现值分析★★★

1.某技术方案现金流量（单位：万元）表如下，若基准收益率为8%，则该方案的财务净现值为（　　）万元。

计算期	第0年	第1年	第2年	第3年	第4年
现金流入	—	1000	6000	3000	6000
现金流出	3700	4000	2000	3000	2000

A.-130.00　　　　　　　　B.-100.40　　　　　　　　C.-108.30　　　　　　　　D.126.91

【答案】C

【解析】首先需计算出每年的净现金流量，如下表（单位：万元）所示。

计算期	第0年	第1年	第2年	第3年	第4年
现金流入	—	1000	6000	3000	6000
现金流出	3700	4000	2000	3000	2000
净现金流量	-3700	-3000	4000	0	4000

$$FNPV = -3700 - \frac{3000}{(1+8\%)} + \frac{4000}{(1+8\%)^2} + \frac{0}{(1+8\%)^3} + \frac{4000}{(1+8\%)^4} = -108.30（万元）。$$

2.某项目各年净现金流量如下表，设基准收益率为10%，则该项目的财务净现值和静态投资回收期分别为（　　）。

计算期/年	0	1	2	3	4	5
净现金流量/万元	-160	50	50	50	50	50

A.32.02万元、3.2年　　　　　　　　B.32.02万元、4.2年

C.29.54万元、4.2年　　　　　　　　D.29.54万元、3.2年

【答案】D

【解析】本题是一道综合题目。投资回收期 $= \frac{160}{50} = 3.2$（年）。

$$FNPV = -160 + \frac{50}{(1+10\%)} + \frac{50}{(1+10\%)^2} + \cdots + \frac{50}{(1+10\%)^5} = 29.54（万元）。$$

3.某技术方案的净现金流量见下表。若基准收益率>0,则方案的净现值(　　)。

计算期/年	0	1	2	3	4	5
净现金流量/万元	—	-300	-200	200	600	600

A.等于900万元　　　　　　　　　　　B.大于900万元,小于1400万元

C.小于900万元　　　　　　　　　　　D.等于1400万元

【答案】C

【解析】财务净现值随着基准收益率的变动图形如下:

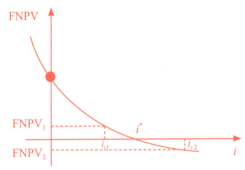

基准收益率=0时,FNPV=-300-200+200+600+600=900(万元),FNPV随着基准收益率的增大而减小,所以当基准收益率>0时,FNPV<900万元。

4.关于财务净现值,下列表述错误的是(　　)。

A.在计算财务净现值时,必须确定一个符合经济现实的基准收益率

B.财务净现值能反映技术方案投资中单位投资的使用效率

C.在使用财务净现值进行互斥方案比选时,各方案必须具有相同的分析期

D.财务净现值是评价技术方案盈利能力的绝对指标

【答案】B

【解析】财务净现值优点:考虑了资金的时间价值,是动态指标,为评价方案盈利能力的绝对指标(内部收益率是相对指标);全面考虑了整个计算期内现金流量的分布情况;意义明确,直接以货币额度表示盈利水平。财务净现值缺点:必须先确定一个基准收益率i_c;互斥方案比较FNPV,需要有相同的寿命期;不能真正反映单位投资的使用效率;不能反映投资回收速度。故只有B选项错误。

5.技术方案的盈利能力越强,则该技术方案的(　　)越大。

A.投资回收期　　　　　　　　　　　B.盈亏平衡点产销量

C.流动比率　　　　　　　　　　　　D.财务净现值

【答案】D

【解析】财务净现值是评价企业盈利能力的动态评价指标。技术方案的盈利能力越强,则该技术方案的财务净现值越大。

考点7　基准收益率i_c的影响因素 ★★

1.关于投资者自行测定技术方案财务基准收益率的说法中正确的是（　　）。

A.财务基准收益率的确定与技术方案的特点无关

B.财务基准收益率的确定应考虑投资的机会成本

C.财务基准收益率的确定不应考虑通货膨胀的影响

D.投资风险较高的技术方案可适当降低财务基准收益率

【答案】B

【解析】投资者自行测定技术方案的最低可接受财务收益率，还应根据自身的发展战略和经营策略、技术方案的特点与风险、资金成本、机会成本等因素综合测定，A选项错误，B选项正确；财务基准收益率的确定需要考虑通货膨胀的影响，C选项错误；为了限制对风险大、盈利低的技术方案进行投资，可以采取提高基准收益率的办法来进行技术方案经济效果评价，D选项错误。

2.关于财务基准收益率的说法中正确的是（　　）。

A.境外投资项目基准收益率的测定，可忽略国家风险因素

B.财务基准收益率必须由政府投资主管部门统一确定

C.财务基准收益率的确定应考虑资金成本、投资机会成本、通货膨胀和风险因素

D.财务基准收益率是投资项目可能获得的最高盈利水平

【答案】C

【解析】境外投资不能忽略国家风险因素，A选项错误；财务基准收益率是企业自主确定的，B选项错误；基准收益率是投资项目可能获得的最低盈利水平，D选项错误。

3.关于基准收益率的说法中正确的有（　　）。

A.基准收益率是投资资金应获得的最低盈利水平

B.全部自有资金投资不需要考虑资金成本

C.基准收益率取值高低应体现对项目风险程度的估计

D.机会成本是实际支出

E.债务资金比例高的项目应降低基准收益率取值

【答案】ABC

【解析】D选项错误，机会成本不是实际支出。E选项错误，债务资金比例高的项目应提高基准收益率取值。

4.投资者自行测定技术方案的最低可接受财务收益率时，应考虑的因素有（　　）。

A.自身的发展战略和经营策略

B.资金成本

C.技术方案的特点和风险

D.沉没成本

E.机会成本

【答案】ABCE

【解析】投资者自行测定技术方案的最低可接受财务收益率，应根据自身的发展战略和经营策略、技术方案的特点与风险、资金成本、机会成本等因素综合测定。

考点8　财务内部收益率分析★★★

1.某常规技术方案进行现金流量分析，当折现率为10%时，财务净现值为900万元；当折现率为12%时，财务净现值为16万元。则该方案财务内部收益率可能的范围是（　　）。

A.大于10%　　　　　　　　　　　　B.大于10%，小于11%

C.大于11%，小于12%　　　　　　　D.大于12%

【答案】D

【解析】如下图所示。

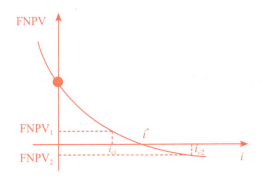

财务净现值随着基准收益率的增加而减小，所以财务内部收益率＞12%。D选项正确。

2.关于财务内部收益率的说法，正确的是（　　）。

A.其大小易受基准收益率等外部参数的影响

B.任一技术方案的财务内部收益率均存在唯一解

C.可直接用于互斥方案之间的比选

D.考虑了技术方案在整个计算期内的经济状况

【答案】D

【解析】财务内部收益率有其优点和缺点：①优点：考虑了技术方案在整个计算期内的经济状况；内部决定性，无须选择折现率，不受外部因素影响。②缺点：计算麻烦；非常规方案会出现不存在或多个内部收益率的情况，难以判断。财务净现值要比选须有相同的寿命期。D选项正确，其他说法均错误。

3.某技术方案净现金流量和财务净现值如下表（单位：万元）所示，根据表中数据，关于该方案评价的说法中正确的是（　　）。

计算期/年	1	2	3	4	5	6	7
净现金流量	−420	−470	200	250	250	250	250
财务净现值（折现率8%）				24.276			

A.累计净现金流量小于零　　　　　　　B.财务内部收益率可能小于8%

C.静态投资回收期大于6年　　　　　　D.项目在经济上可行

【答案】D

【解析】A选项错误，−420−470+200+250+250+250+250=310（万元）；B选项错误，财务净现值=24.276（万元）>0，故财务内部收益率>8%；C选项错误，静态投资回收期=−5+190÷250=5.76（年）；D选项正确，财务净现值>0，方案可行。

4.某技术方案在不同收益率i下的净现值为：i=7%时，FNPV=1200（万元）；i=8%时，FNPV=800（万元）；i=9%时，FNPV=430（万元）。则该方案的内部收益率约为（　　）。

A.7%　　　　　　B.9.2%　　　　　　C.10%　　　　　　D.11%

【答案】C

【解析】$\dfrac{1200}{430}=\dfrac{FIRR-7\%}{FIRR-9\%}$，可得$FIRR\approx10\%$或$\dfrac{1200}{800}=\dfrac{FIRR-7\%}{FIRR-8\%}$，可得$FIRR\approx10\%$，C选项正确。

5.对于待定的投资方案，若基准收益率增大，则投资方案评价指标的变化规律是（　　）。

A.财务净现值与内部收益率均减小

B.财务净现值与内部收益率均增大

C.财务净现值减小，内部收益率不变

D.财务净现值增大，内部收益率减小

【答案】C

【解析】财务净现值随着基准收益率的增大而减小，而财务内部收益率与基准收益率无关。C选项正确。

考点9　方案比选定量分析方法的选择★★

1.关于经济效果评价中独立型方案和互斥型方案的说法中正确的是（　　）。

A.独立型方案、互斥型方案和相关方案是经济效果评价中最常见的三类方案

B.独立型方案在经济上是否可接受，不取决于方案自身的经济性

C.互斥型方案意味着各方案间彼此不能相互替代

D.互斥型方案的经济比选，无须考查各方案自身的经济效果

【答案】A

【解析】B选项错误，独立型方案在经济上是否可接受，取决于方案自身的经济性。C选项错误，互斥型方案意味着各方案间彼此可以相互替代。D选项错误，互斥型方案的经济比选，需考查各方案自身的经济效果。

2.兴建一处设施计划有A、B两个方案，两方案的收益相同。A方案一次投入400万元，可以永久使用，每年运营费用10万元，每10年需投入20万元对设施进行修补；B方案为每10年重建一次，每次投资100万元，10年后可回收资产余值7万元，每年运营费用24万元。若基准收益率为6%，应选择（　　）方案。

A.A方案　　　　　　　　　　　　　　B.B方案

C.AB方案都可以　　　　　　　　　　　D.无法比较

【答案】A

【解析】A方案费用年值=400×6%+10+20×（A/F，6%，10）=35.52（万元）。

B方案费用年值=100×（A/P，6%，10）+24-7×（A/F，6%，10）=37.06（万元）。

由于A方案费用年值<B方案费用年值，A选项正确。

3.增量财务净现值指标法的计算步骤有：①确定最优方案优选序列；②计算相邻两方案的增量现金流量的评价指标；③确定基础方案；④以确定的较优方案为基础方案，重复计算步骤；⑤将方案投资额从小到大排列。下列排序正确的是（　　）。

A.①②③④⑤　　　B.⑤③④②①　　　C.⑤③②④①　　　D.⑤①③②④

【答案】C

【解析】增量财务净现值指标法的基本计算步骤为：①将方案投资额从小到大排列；②确定基础方案（或叫临时最优方案）；③计算相邻两方案的增量现金流量的评价指标；④以确定的较优方案为基础方案，重复计算步骤，直至所有方案计算完毕；⑤确定最优方案优选序列。故C选项最符合题意。

4.有3个互斥的方案A、B、C，各自的期初投资额、每年年末的收益及费用见下表，方案的寿命期均为10年，基准利率为15%，下列说法正确的为（　　）。

单位：万元

投资方案	期初投资	年现金流入	年现金流出
A	5000	2400	1000
B	8000	3100	1200
C	10000	4000	1500

A.A方案自身不可行　　　　　　　　　　B.A优于C优于B

C.B优于A优于C　　　　　　　　　　　D.C优于A优于B

【答案】D

【解析】$\dfrac{(1+i)^n-1}{i(1+i)^n}=\dfrac{(1+15\%)^{10}-1}{15\%(1+15\%)^{10}}=5.019$；

A方案FNPV=-5000+1400×（P/A，15%，10）=2026.6>0；

B方案FNPV=-8000+1900×(P/A,15%,10)=1536.1>0;

C方案FNPV=-10000+2500×(P/A,15%,10)=2547.5>0。

考点10　盈亏平衡分析★★★

1.当进行项目盈亏平衡分析时，下列成本费用中，属于固定成本的有（　　）。

A.无形资产摊销费　　　　　　　　　　B.计件工资

C.产品包装费　　　　　　　　　　　　D.生产设备燃料费

E.房屋折旧费

【答案】AE

【解析】固定成本是指在技术方案一定的产量范围内不受产品产量影响的成本，即不随产品产量的增减发生变化的各项成本费用，如工资及福利费（计件工资除外）、折旧费、修理费、无形资产及其他资产摊销费、其他费用等。可变成本是随技术方案产品产量的增减而成正比例变化的各项成本，如原材料、燃料、动力费、包装费和计件工资等。B、C、D选项为可变成本。

2.某技术方案设计年产量为5000件，单位产品售价为2500元，单位产品变动成本为750元，单位产品税金及附加为370元，年固定成本为240万元，该项目达到设计生产能力时的利润为（　　）万元。

A.450　　　　　　B.135　　　　　　C.635　　　　　　D.825

【答案】A

【解析】利润=总收入-总成本=(2500-370)×5000-(2400000+750×5000)=450（万元）。

3.某投资项目年设计生产能力为15万吨，产品销售价格为400元/吨，单位产品税金及附加为8元，年固定成本为1500万元，单位产品可变成本为160元。销售收入和成本均不含增值税，则该项目盈亏平衡点的产销量为（　　）万吨。

A.3.7　　　　　　B.6.47　　　　　　C.4.6233　　　　　D.6.25

【答案】B

【解析】假设项目盈亏平衡点的产销量为Q吨，则(400-8)×Q-15000000-160×Q=0，可得Q=6.47（万吨）。

4.某技术方案年设计生产能力为3万吨，产销量一致，销售价格和成本费用均不含增值税，单位产品售价为300元/吨，单位产品可变成本为150元/吨，单位产品税金及附加为3元，年固定成本为280万元，用生产能力利用率表示的盈亏平衡点为（　　）。

A.31.11%　　　　　B.63.49%　　　　　C.31.42%　　　　　D.62.22%

【答案】B

【解析】产销量$Q=\dfrac{2800000}{300-150-3}=19048$（吨），生产能力利用率=$\dfrac{19048}{30000}\times 100\%=63.49\%$，B选项正确。

5.某技术方案设计年产量为12万吨,已知单位产品的销售价格为700元,单位产品税金为165元,单位可变成本为250元,年固定成本为1500万元,则以价格表示的盈亏平衡点是( )元/吨。

A.540　　　　　　B.510　　　　　　C.375　　　　　　D.290

【答案】A

【解析】产品售价$P=\dfrac{\text{年固定成本}}{\text{产销量(一般为设计生产能力)}}+\text{单位可变成本}+\text{单位产品税金及附加}$,产品售价$P=\dfrac{1500}{12}+250+165=540$(元/吨),A选项正确。

考点11　敏感性分析★★★

1.单因素敏感分析过程包括:①确定敏感性因素;②确定分析指标;③选择需要分析的不确定性因素;④分析不确定性因素波动对分析指标的影响。故正确的排列顺序是( )。

A.③②④①　　　B.①②③④　　　C.②④③①　　　D.②③④①

【答案】D

【解析】单因素敏感性分析步骤:①确定分析指标;②选择相关不确定性因素;③分析不确定性因素波动对分析指标的影响;④确定敏感性因素;⑤选择方案。故D选项正确。

2.某项目采用净现值指标进行敏感性分析,有相关数据见下表,则各因素的敏感程度由大到小的顺序是( )。

单位:万元

影响因素	变化幅度		
	−10%	0	+10%
建设投资	623	564	505
营业收入	393	564	735
经营成本	612	564	516

A.建设投资—营业收入—经营成本　　　B.营业收入—经营成本—建设投资

C.营业收入—建设投资—经营成本　　　D.经营成本—营业收入—建设投资

【答案】C

【解析】敏感度系数$S_{AF}=\dfrac{\text{指标变化率}}{\text{因素变化率}}$,根据已知,可求出:

①建设投资:$S_{AF}=\dfrac{\text{指标变化率}}{\text{因素变化率}}=\dfrac{\dfrac{623-564}{564}}{-10\%}=-1.05$。

②营业收入:$S_{AF}=\dfrac{\text{指标变化率}}{\text{因素变化率}}=\dfrac{\dfrac{393-564}{564}}{-10\%}=3.03$。

③经营成本：$S_{AF} = \dfrac{\text{指标变化率}}{\text{因素变化率}} = \dfrac{\dfrac{612-564}{564}}{-10\%} = -0.85$。

敏感度系数$S_{AF}>0$，表示评价指标与不确定因素同方向变化；敏感度系数$S_{AF}<0$，表示评价指标与不确定因素反方向变化。$|S_{AF}|$越大，越敏感。

所以敏感度排序由大到小依次为营业收入、建设投资、经营成本，C选项正确。

3.关于敏感度系数的说法，正确的是（　　）。

A.敏感度系数可以用于对敏感因素敏感性程度的排序

B.敏感度系数大于零，表明评价指标与不确定因素反方向变化

C.利用敏感度系数判别敏感因素的方法是绝对测定法

D.敏感度系数的绝对值越大，表明评价指标对于不确定因素越不敏感

【答案】A

【解析】A选项正确，敏感度系数的绝对值越大越敏感。B选项错误，敏感度系数>0，表示评价指标与不确定因素同方向变化。C选项错误，敏感度系数判别是相对测定法，临界点判别是绝对测定法。D选项错误，绝对值越大越敏感。

4.对某技术方案的财务净现值（FNPV）进行单因素敏感性分析，投资额、产品价格、经营成本三个因素的敏感性分析如下图所示，则对财务净现值指标来说最敏感的因素是（　　）。

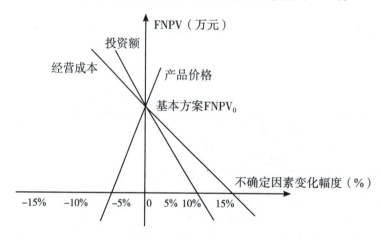

A.投资额　　　　　　　　　　　　B.产品价格

C.经营成本　　　　　　　　　　　D.一样

【答案】B

【解析】看图判断敏感性的规律为斜率越大，直线越陡，临界点越低，该因素越敏感，即产品价格＞投资额＞经营成本。B选项正确。

5.某方案单因素敏感性分析示意图如下。根据该图,可以得出的结论有( )。

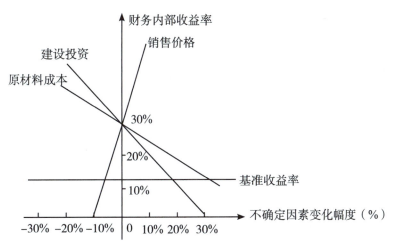

A.销售价格的临界点小于10%
B.原材料成本比建设投资更敏感
C.建设投资的临界点大于10%
D.销售价格是最敏感的因素
E.建设投资比销售价格更敏感

【答案】ACD

【解析】A选项正确,销售价格与基准收益率的交点小于10%(不看±号,只看数字大小)。B选项错误,建设投资比原材料成本更敏感,因为建设投资的线更陡峭。C选项正确,建设投资与基准收益率的交点大于10%。D选项正确,销售价格是最敏感的因素,因其线最陡峭。E选项错误,销售价格比建设投资更敏感。

考点12　设备磨损与补偿★★★

1.下列设备磨损情形中属于无形磨损的有( )。

A.设备使用过程中产生的变形
B.技术进步导致设备贬值
C.设备闲置过程中遭受腐蚀
D.制造工艺改进导致设备降价
E.自然力作用使设备构件老化

【答案】BD

【解析】A选项错误,属于第Ⅰ类有形磨损。C、E选项错误,属于第Ⅱ类有形磨损。B、D选项正确,属于无形磨损。

2.关于设备磨损补偿方式的说法中正确的是( )。

A.设备的无形磨损可以通过修理进行补偿
B.设备的综合磨损只能通过更新进行补偿
C.可消除的有形磨损只能通过现代化改装进行补偿
D.不可消除的有形磨损可以通过更新进行补偿

【答案】D

【解析】A选项错误，无形磨损可以通过现代化改装或更新进行补偿。B选项错误，综合磨损也可以通过大修加现代化改装进行补偿。C选项错误，可消除的有形磨损可以通过大修进行补偿。D选项正确，不可消除的有形磨损可以通过更新进行补偿。

3.下列导致现有设备贬值的情形中，属于设备有形磨损的有（　　）。

A.设备连续使用导致零部件磨损

B.设备长期闲置导致金属件锈蚀

C.同类设备的再生产价值降低

D.性能更好、耗费更低的替代设备出现

E.设备使用期限过长引起橡胶件老化

【答案】ABE

【解析】C、D选项错误，属于无形磨损。

4.下列情况出现，说法正确的是（　　）。

A.设备磨损主要是由无形磨损所致，必须更新设备

B.设备有形磨损较严重，需花费较高的修复费用，此时不必再进行修理，需更新设备

C.设备整机性能尚可，有局部缺陷，个别技术经济指标落后，需更新设备

D.设备能耗高、性能差、使用操作条件不好、环境污染严重，需购买较先进设备更新

【答案】D

【解析】A选项错误，需进行现代化改装或更新；B选项错误，需要进行经济比较，选择恰当方式；C选项错误，适宜现代化改造。

5.可以采用大修理方式进行补偿的设备磨损是（　　）。

A.不可消除性有形磨损　　　　　B.第Ⅰ类无形磨损

C.可消除性有形磨损　　　　　　D.第Ⅱ类无形磨损

【答案】C

【解析】设备大修理是更换部分已磨损的零部件和调整设备，以恢复设备的生产功能和效率为主，属于可消除性有形磨损的补偿方式。

考点13　设备寿命 ★

1.关于设备寿命的说法中正确的是（　　）。

A.科学技术进步越快，设备的技术寿命越短

B.设备的技术寿命主要由设备的有形磨损决定

C.设备更新应主要考虑其自然寿命

D.设备的自然寿命主要由设备的无形磨损决定

【答案】A

【解析】A选项正确。B选项错误,技术寿命主要是由设备的无形磨损决定的,它一般比自然寿命要短,而且科学技术进步越快,技术寿命越短。C选项错误,设备在使用过程中,由于有形磨损和无形磨损的共同作用,在设备使用到一定期限时,就需要利用新设备进行更新。这种更新取决于设备使用寿命的效益或成本的高低。D选项错误,设备的自然寿命主要是由设备的有形磨损决定的。

2.关于设备经济寿命的说法,正确的有( )。

A.设备经济寿命是从开始使用到其年平均使用成本最小的使用年限

B.设备使用年限越长,平均年资产消耗成本越低

C.设备使用年限越长,年平均能源耗费越低

D.随设备使用年限延长,平均年度运行成本上升

E.设备使用年限越长,平均年度运行成本越低

【答案】ABD

【解析】A选项正确,经济寿命是从开始使用到其年平均使用成本最小的使用年限。B选项正确,使用年限越长,平均年资产消耗成本便会越低。C选项错误,能源消耗一般是不会变化的。D选项正确,E选项错误,随设备使用年限延长,年度运行成本上升。本题结合下图来分析更容易。

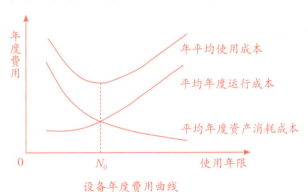

设备年度费用曲线

3.某设备目前实际价值为30000元,有关资料如下表所示,则该设备的经济寿命为( )年。

继续使用年限/年	1	2	3	4	5	6	7
年末净残值/元	15000	7500	3750	3000	2000	900	600
年运行成本/元	5000	6000	7000	9000	11500	14000	18200
年平均使用成本/元	20000	16750	14750	13500	13300	13600	14300

A.3 B.4 C.5 D.6

【答案】C

【解析】设备经济寿命是年平均使用成本达到最小值的年限,故选择C选项。

4.有一台设备,目前实际价值$P=8000$(元),预计残值$L_N=800$(元),第一年的设备运行成本$Q=600$(元),每年设备的劣化增量是均等的,年劣化值$=300$(元),该设备的经济寿命约为( )年。

A.5 B.6 C.7 D.8

【答案】C

【解析】$N_0 = \sqrt{\dfrac{2(设备原值-残值)}{劣化增量}} = \sqrt{\dfrac{2(8000-800)}{300}} = 6.93 \approx 7$（年）。

5.某设备10年前原始成本是100000元，目前的账面价值是30000元，现在的市场价值为20000元。关于该设备沉没成本和更新决策时价值的说法中正确的是（　　）。

A.沉没成本10000元，更新决策时价值为40000元

B.沉没成本10000元，更新决策时价值为20000元

C.沉没成本80000元，更新决策时价值为30000元

D.沉没成本70000元，更新决策时价值为70000元

【答案】B

【解析】沉没成本=设备账面价值-当前市场价值=30000-20000=10000（元）；更新决策时旧设备价值=其当前市场价值=20000（元）。B选项正确。

6.某设备5年前的原始成本是10万元，目前的账面价值是4万元，现在市场价值为3万元，同型号新设备的购置价格为8万元。进行新旧设备更新分析和方案比选时，正确的做法有（　　）。

A.继续使用旧设备的方案，投资按3万元计算

B.采用新设备的方案，投资按10万元计算

C.新旧设备现在的市场价值差额为4万元

D.新旧设备方案比选不考虑旧设备的沉没成本1万元

E.新设备和旧设备的经济寿命和运行成本相同

【答案】AD

【解析】A选项正确，继续使用旧设备的方案，以其市场价3万元计算。B选项错误，同型号设备现在价格为8万元，不是10万元。C选项错误，新旧设备现在的市场价值差额为8-3=5（万元）。D选项正确，新旧设备方案比选不考虑旧设备的沉没成本1万元。E选项错误，新旧设备的经济寿命和运行成本是不同的。

考点14　设备租赁方式★★★

1.关于设备租赁的说法，错误的是（　　）。

A.融资租赁通常适用于长期使用的贵重设备

B.临时使用的设备适宜采用经营租赁方式

C.经营租赁的任一方可以按一定方式在通知对方后的规定期限内取消租约

D.租赁期内，融资租赁承担人拥有租赁设备的所有权。

【答案】D

【解析】D选项错误，在租赁期间承租人对租用设备无所有权，只有使用权。

2.对于承租人来说，设备租赁与设备购买相比的优越性有（　　）。

A.设备可用于担保、抵押贷款

B.租赁合同规定宽松，可以随时通知对方取消租约

C.能用较少资金获得生产急需的设备

D.设备租金可在所得税前扣除

E.可避免通货膨胀和利率波动的冲击，减少投资风险

【答案】CDE

【解析】对于承租人，与设备购置相比，设备租赁的优越性如下：

（1）节省投资，用较少的资金获得急需的生产设备，使企业在资金短缺情况下仍可以使用设备。

（2）加快设备更新速度，租赁可以引进先进设备，减少企业因设备陈旧、技术落后而带来的风险。

（3）提高设备的利用率，特别是针对一些季节性或临时性需要使用的设备，通过租赁进行使用，可以避免设备购置带来的闲置。

（4）设备租金可在所得税前扣除，能享受税费上的利益。

（5）可以保持资金的流动状态，不会使企业资产负债状况恶化。

（6）可避免通货膨胀和利率波动的冲击，减少投资风险。

故A、B选项错误。

3.某施工企业以经营租赁方式租入一台设备，租赁保证金2万元，担保费5万元，年租金10万元，预计租赁设备年运行成本10万元，其中原材料消耗2万元，则设备第一年的租赁费是（　　）万元。

A.19　　　　　　　B.17　　　　　　　C.20　　　　　　　D.27

【答案】B

【解析】租赁费主要包括租赁保证金、租金、担保费，所以该设备第1年的租赁费=2+5+10=17（万元），B选项正确。

4.某施工企业计划租赁一台设备，设备价格为240万元，寿命期为10年，租期为8年，每年年末支付租金，折现率为8%，附件率为3%。采用附加率法计算，每年需支付的租金为（　　）万元。

A.33.0　　　　　　B.50.4　　　　　　C.56.4　　　　　　D.61.2

【答案】C

【解析】租金R=设备原值$P \times \left[\dfrac{1}{\text{租赁期}N} + (\text{利率或折现率})i + \text{附加率}r\right]$。

R=240/8+240×8%+240×3%=56.4（万元）。本题注意用租期8年计算，不能用寿命期10年计算。

5.租赁公司购买一台设备用于出租，设备的价格为128万元，可以租赁6年，每年年末支付租金，折现率为10%，附加率为4%，租赁保证金和设备费的时间价值忽略不计，则按附加率法计算的年租金为（　　）万元。

A.34.99　　　　　　B.28.59　　　　　　C.24.32　　　　　　D.39.25

【答案】D

【解析】128/6+128×10%+128×4%=39.25（万元）。

考点15　价值工程的理解★★★

1.关于价值工程特点的说法中正确的有（　　）。

A.价值工程的核心是对产品进行功能分析

B.价值工程是将产品价值、功能和成本作为一个整体同时考虑

C.价值工程是以集体智慧开展的管理活动

D.价值工程中的"价值"是指产品的使用价值

E.价值工程的目的是降低产品的生产成本

【答案】ABC

【解析】A选项正确，价值工程的核心是对产品进行功能分析。B选项正确，价值工程将产品价值、功能和成本作为一个整体同时来考虑。C选项正确，价值工程是以集体智慧开展的有计划、有组织、有领导的管理活动。D选项错误，价值工程中所述的"价值"也是一个相对的概念，它不是对象的使用价值，也不是对象的交换价值，而是对象的比较价值，是作为评价事物有效程度的一种尺度。E选项错误，价值工程以提高产品价值为目的。

2.某工程施工方案的计划工期为350天，对方案运用价值工程原理优化后工期缩短了10天，可实现同样的功能，并降低了工程费用。根据工程价值原理，该价值提升的途径属于（　　）。

A.功能提高，成本降低　　　　B.功能提高，成本不变

C.功能不变，成本降低　　　　D.功能不变，成本不变

【答案】C

【解析】节约型提升途径，是在保持产品功能不变的前提下，通过降低成本达到提高价值的目的。缩短工期等同于降低成本，且保持功能不变，应选择C选项。

3.关于价值工程的理解，下列说法错误的有（　　）。

A.价值工程的核心是对产品进行成本分析

B.价值工程追求功能最大化

C.价值工程要求将功能定量化，即将功能转化为能够与成本直接相比的量化价值

D.价值工程的目标是以最低的寿命周期成本使产品具备最大功能

E.价值工程的主要工作是用传统的方法获得产品稳定的技术经济效益

【答案】ABDE

【解析】A选项错误，价值工程的核心是对产品进行功能分析。B选项错误，价值工程的目标是提高对象的价值。D选项错误，价值工程的目标是提高对象的价值。E选项错误，价值工程强调技术方案创新。

4.人防工程设计时，在考虑战时能发挥其隐蔽功能的基础上平时利用为地下停车场。这种提高产品价值的途径是（　　）。

A.改进型　　　　　　　　　　　　B.双向型

C.节约型　　　　　　　　　　　　D.牺牲型

【答案】A

【解析】改进型价值提升途径在产品成本不变的条件下，通过改进设计，提高产品的功能，提高利用资源的成果或效用（如提高产品的性能、可靠性、寿命、维修性），增加某些用户希望的功能等，达到提高产品价值的目的。例如，人防工程，若仅仅考虑战时的隐蔽功能，平时闲置不用，将需要投入大量的人力、财力予以维护。若在设计时，考虑战时能发挥隐蔽功能，平时能发挥多种功能，则可将人防工程平时利用为地下商场、地下停车场等，A选项正确。

5.价值工程的核心是对产品进行（　　）。

A.成本分析　　　　　　　　　　　　B.信息搜集

C.方案创新　　　　　　　　　　　　D.功能分析

【答案】D

【解析】价值工程的核心是进行功能分析。

考点16　价值工程的一般工作程序★★★

1.工程产品中，从设计方面宜优先作为价值工程研究对象的是（　　）。

A.结构复杂、性能和技术指标较差的工程产品

B.用户意见少且竞争力较强的工程产品

C.成本较低或占总成本比重较小的工程产品

D.工艺简单、原材料能耗较低、质量有一定保障的工程产品

【答案】A

【解析】A选项正确，从设计方面考虑价值工程对象的选择，对结构复杂、性能和技术指标差、体积和重量大的工程产品进行价值工程活动，可使工程产品结构、性能、技术水平得到优化，从而提高工程产品价值。B选项错误，用户意见多且竞争力较差的工程产品宜优先改进。C选项错误，成本较高或占总成本比重较大的工程产品宜优先改进。D选项错误，工艺复杂、原材料能耗较高、质量无保障的工程产品宜优先改进。

2.下列价值工程活动中，属于功能分析工作内容的有（　　）。

A.功能定义　　　　　　　　　　　　B.功能成本分析

C.工作对象选择　　　　　　　　　　D.功能整理

E.功能计量

【答案】ADE

【解析】功能分析工作包括：①功能定义；②功能整理；③功能计量。

3.某项目的建筑工程可划分为甲、乙、丙、丁四个功能区域，各功能区域现实成本和目标成本见下表，根据功能价值，应作为价值工程优先改进对象的是（ ）。

	甲	乙	丙	丁
现实成本/元	1100	2350	9000	3040
目标成本/元	1000	2000	9800	2800

A.丙　　　　　　B.丁　　　　　　C.甲　　　　　　D.乙

【答案】D

【解析】求 $V=\dfrac{F}{C}$，$V=1$，价值最大，无须改进，$V<1$，需要改进，越小越需要改进。求得的V值如下表所示，乙功能区域的V值最小，D选项正确。

	甲	乙	丙	丁
现实成本/元	1100	2350	9000	3040
目标成本/元	1000	2000	9800	2800
功能价值V	0.909	0.851	1.089	0.921

4.四个互斥性施工方案的功能系数和成本系数如下表。从价值工程角度来看，最优的方案是（ ）。

方案	甲	乙	丙	丁
成本系数	1.15	1.01	1.05	1.2
功能系数	1.20	1.25	1.05	1.15

A.甲　　　　　　B.乙　　　　　　C.丙　　　　　　D.丁

【答案】B

【解析】依次求出四个方案的价值系数V，分别为1.043、1.238、1、0.958。价值系数最大的方案为最优方案，B选项正确。

5.某分项工程施工采用方案A的成本为5万元，在相同条件下，采用其他方案的合理成本为4.5万元。对方案实施价值工程，可以认为方案A的价值系数为（ ）。

A.0.90　　　　　　　　　　　　B.0.10

C.0.53　　　　　　　　　　　　D.1.11

【答案】A

【解析】价值工程中价值系数的计算公式$V=F/C$；题目中设定在相同条件下，且采用其他方案的合理成本为4.5万元。故可假定其他方案为最优方案即$V=1$。则其功能成本为4.5万元，故A方案的$V=4.5/5.0=0.9$。

专题二 工程财务

导图框架

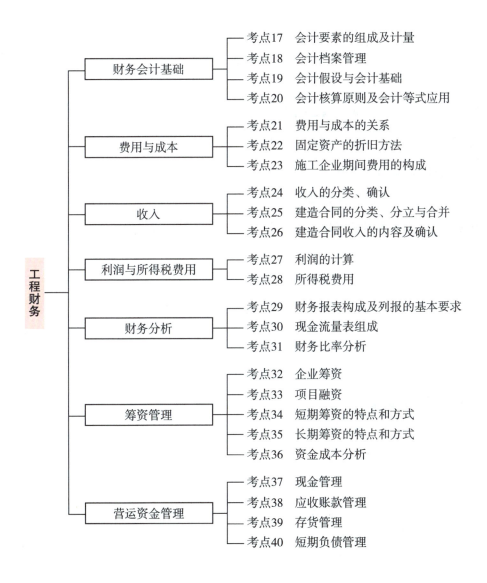

专题雷达图

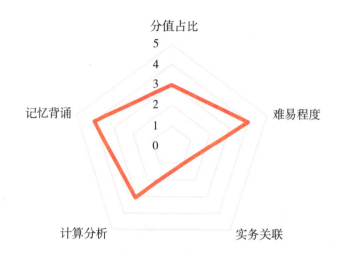

分值占比：本专题在经济考试中分值占比适中，25~29分。

难易程度：本专题考点较多，相互之间有一定关联性，学习难度较高。

实务关联：本专题与实务考试相关联的考点不多。

计算分析：本专题有一定数量的计算题目，需多加记忆，多做练习。

记忆背诵：本专题记忆部分较多，需理解后再记忆。

考点练习

考点17 会计要素的组成及计量★★★

1.下列会计要素中，属于静态会计要素的有（ ）。

A.收入　　　　　　　　　　B.资产

C.费用　　　　　　　　　　D.负债

E.所有者权益

【答案】BDE

【解析】静态会计要素有资产、负债、所有者权益，反映企业某一时点财务状况；动态会计要素有收入、费用、利润，反映企业某一时期经营成果。B、D、E选项正确，属于静态会计要素；A、C选项错误，属于动态会计要素。

2.根据现行《企业会计准则》，应列入流动负债的有（ ）。

A.应交税金
B.应收账款
C.应付工资
D.长期借款
E.短期投资

【答案】AC

【解析】负债分为流动负债和非流动负债，如下表格所示：

负债	流动	短期借款、应付票据、应付账款、预收款项、应付职工薪酬、应交税费、合同负债、交易性金融负债、衍生金融负债、合同之债等
	非流动	应付债券、长期借款、长期应付款、租赁负债等

所以A、C选项正确，属于流动负债，D选项错误，属于非流动负债，B、E选项错误，属于资产。

3.根据相关规范，下列资产中，属于流动资产的有（ ）。

A.在建工程
B.存货
C.投资性房地产
D.债权投资
E.交易性金融资产

【答案】BE

【解析】A、C、D选项错误，都属于非流动资产。

4.某企业3年前购置一台价值为30万元的设备，现在若以20万元卖出，卖出该设备需发生维修成本2万元，发生销售费用1万元，缴纳税金0.5万元，则该设备可变现净值为（ ）万元。

A.18.5
B.19.5
C.20
D.16.5

【答案】D

【解析】在可变现净值计量下，资产按照其正常对外销售所能收到现金或者现金等价物的金额，扣减该资产至完工时估计将要发生的成本、估计的销售费用以及相关税费后的金额计量。所以该设备可变现净值=20-2-1-0.5=16.5（万元），D选项正确。

5.企业的流动资产包括存货、库存现金、应收账款和（ ）等。

A.短期借款
B.预收账款
C.应付账款
D.预付账款

【答案】D

【解析】流动资产是指可以在1年或者超过1年的一个营业周期内变现或耗用的资产，主要包括货币资金、交易性金融资产、应收及预付款项和存货等。

考点18　会计档案管理★★

1.关于会计档案管理的说法，正确的是（　　）。

A.会计档案，一律不得销毁

B.会计档案的保管期限，从会计年度开始的第一天算起

C.会计档案的保管期限分为永久、定期两类，定期保管期限一般为20年

D.单位保存的会计档案一般不得对外借出

【答案】D

【解析】A选项错误，经鉴定，仍需继续保存的会计档案，应当重新划定保管期限；对保管期满，确无保存价值的会计档案，可以销毁。B选项错误，会计档案的保管期限，从会计年度终了后的第一天算起。C选项错误，会计档案的保管期限分为永久、定期两类。定期保管期限一般分为10年和30年。

2.档案定期保管的年限可以为（　　）年。

A.10　　　　　　　　　　　　B.20

C.30　　　　　　　　　　　　D.40

E.50

【答案】AC

【解析】定期保管的年限为10年或30年。

考点19　会计假设与会计基础★

1.对会计核算的范围从空间上加以界定是通过（　　）实现的。

A.持续经营假设　　　　　　　B.会计主体假设

C.会计分期假设　　　　　　　D.货币计量假设

【答案】B

【解析】四个会计假设：①会计主体（空间界定）；②会计分期（时间界定）；③持续经营；④人民币计量。对会计核算的范围从空间上加以界定是通过会计主体假设实现的，B选项正确。

2.某施工企业5月份购买原材料380万元，其中5月份消耗120万元，其余260万元6月份生产使用；施工用的模板是3月份租赁的，租期8个月，并支付租金160万元，按月均摊；6月份企业办公费支出10万元；不计算其他费用，则权责发生制下该企业6月份的生产成本为（　　）万元。

A.260　　　　　B.270　　　　　C.280　　　　　D.290

【答案】C

【解析】生产成本=260+160/8=280（万元）。6月份企业办公费支出10万元不属于成本，是期间费用。C选项正确。

3.根据现行《企业会计准则》，关于会计核算基础的说法，正确的是（   ）。

A.企业已经实现的收入，计入款项实际收到日的当期利润表

B.企业应当承担的费用，计入款项实际支出日的当期利润表

C.企业应当以收付实现制和持续经营为前提进行会计核算

D.企业应当以权责发生制为基础进行会计确认、计量和报告

【答案】D

【解析】据现行《企业会计准则》，企业应当以权责发生制为基础进行会计确认、计量和报告。

4.根据现行《企业会计准则》，下列交易事项中，应计入当期利润的是（   ）。

A.收到上期出售产品的货款

B.上期购买的货物，但是本期才支付的货款

C.上期已经进行的销售宣传，但是本期才支付的宣传费

D.当期已经出售的产品，但是货款还没有收到

【答案】D

【解析】根据会计核算的基础权责发生制，凡是当期已经实现的收入和已经发生或应当负担的费用，无论款项（货币）是否收付，都应当作为当期的收入和费用。所以A、B、C选项错误；D选项正确。

5.某企业2017年5月30日销售货物10万元（当月无其他销售），当年5月31日收到银行转账货款2万元，6月3日收到银行转账货款8万元，按照权责发生制，该企业5月份应计销售收入为（   ）万元。

A.12　　　　　　　　　　　　　　　　B.10

C.2　　　　　　　　　　　　　　　　　D.0

【答案】B

【解析】根据权责发生制，5月30日销售货物10万元即为该企业5月份应计销售收入。

考点20　会计核算原则及会计等式应用★★★

1.下列会计要素中属于动态会计等式组成要素的有（   ）。

A.收入　　　　　　　　　　　　　　　B.利润

C.费用　　　　　　　　　　　　　　　D.所有者权益

E.资产

【答案】ABC

【解析】静态会计等式为资产=负债+所有者权益，反映企业某一时点财务状况。动态会计等式为利润=收入-费用，反映企业某一时期经营成果。A、B、C选项正确。

2.反映企业某一时点财务状况的会计要素有（   ）。

A.资产　　　　　　　　　　　　　　　B.负债

C.所有者权益　　　　　　　　　　　D.利润

E.费用

【答案】ABC

【解析】反映企业某一时点财务状况的会计要素是静态会计要素，即资产、负债和所有者权益三个会计要素。A、B、C选项正确。

3.企业以融资租赁方式租入固定资产，应视为承租企业的资产，体现了会计核算的（　　）原则。

A.配比　　　　　　　　　　　　　　B.实质重于形式

C.谨慎　　　　　　　　　　　　　　D.重要性

【答案】B

【解析】企业以融资租赁方式租入固定资产，应视为承租企业的资产，体现了会计核算的实质重于形式原则。

4.同一个企业在不同会计期间对于相同的交易或事项，应当采用统一的会计政策，不得变更，表述属于（　　）的会计信息质量要求。

A.可比性　　　　　　　　　　　　　B.相关型

C.重要性　　　　　　　　　　　　　D.谨慎性

【答案】A

【解析】同一个企业在不同会计期间对于相同的交易或事项，应当采用统一的会计政策，不得变更，表述属于可比性的会计信息质量要求。

5.反映企业某一时期经营成果的会计要素有（　　）。

A.资产　　　　　　　　　　　　　　B.负债

C.所有者权益　　　　　　　　　　　D.利润

E.费用

【答案】DE

【解析】反映企业某一时期经营成果的会计要素有利润、收入和费用。

考点21　费用与成本的关系★★

1.下列施工企业的各项支出中，在财务会计核算时应作为资本性支出的有（　　）。

A.新建办公楼支出　　　　　　　　　B.购置大型设备支出

C.员工年终奖金支出　　　　　　　　D.公益性捐赠支出

E.对外长期投资支出

【答案】AB

【解析】资本性支出是指通过它所取得的效益及于几个会计年度（或几个营业周期）的支出，如企业购置和建造固定资产、无形资产，对于这类支出在会计核算中应予以资本化，形成相应的资产。C选项错误，是收益性支出。D选项错误，属于营业外支出。E选项错误，属于对外投资支出。

2.某企业接受委托生产一台定制设备，约定售价50万元，生产完成后由客户自提，企业生产该设备的生产费用为30万元，应分摊的管理费用为5万元，财务费用2万元，代垫设备运输费用4万元，从财务会计角度，企业生产销售该设备的费用为（　　）万元。

A.32　　　　　　　B.35　　　　　　　C.37　　　　　　　D.41

【答案】C

【解析】费用=生产费用+期间费用（管理费用+销售费用+财务费用）=30+2+5=37（万元），代垫代付不能计算，C选项正确。

3.关于费用与成本的说法，正确的是（　　）。

A.费用和成本两者都是资产的耗费

B.费用是按照成本核算对象进行的费用归集，由成本转化而来

C.成本是针对特定会计期间而言的，费用不仅是针对特定会计期间而言的，而且是针对特定成本核算对象而言的

D.所有的费用均计入成本核算对象进行成本核算

【答案】A

【解析】B选项错误，成本是按照成本核算对象进行的费用归集，由费用转化而来。C选项错误，费用是针对特定会计期间而言的，成本不仅是针对特定会计期间而言的，而且是针对特定成本核算对象而言的。D选项错误，不是所有的费用都能计入成本核算对象。

4.下列企业支出中，属于资本性支出的是（　　）。

A.原材料采购支出　　　　　　　　　B.建造厂房支出

C.公益性捐赠支出　　　　　　　　　D.分配股利支出

【答案】B

【解析】本题考查的是支出的类别。原材料采购支出是收益性支出，A选项错误。公益性捐赠支出是营业外支出，C选项错误。分配股利支出是利润分配支出，D选项错误。

考点22　固定资产的折旧方法★★★

1.某施工企业计划租赁一台设备，设备价格为240万元，寿命期10年。下列固定资产相关费中构成固定资产原值（原价）的有（　　）。

A.固定资产购买价款　　　　　　　　B.固定资产大修理费用

C.固定资产发生的装卸费　　　　　　D.固定资产的预计净残值

E.固定资产达到预定可使用状态前的安装费

【答案】ACE

【解析】原值=购买价+运杂费（运输、装卸）+安装费+专业人员服务费+相关税费。所以A、C、E选项正确。

2.某施工机械预算价格为50万元，折旧年限为6年，年平均工作225个台班，净残值率为4%，则该机械台班折旧费为（　　）元。

A.314.81　　　　　　B.370.37　　　　　　C.385.19　　　　　　D.355.56

【答案】D

【解析】机械台班折旧费=预算价格×（1-净残值率）/耐用总台班=500000×（1-4%）/（6×225）=355.56（元）。

3.某施工企业的自卸汽车原价为30万元，确定的折旧年限为5年，净残值率为3%，预计总行驶里程为8万千米。2020年行驶里程2万千米，按照行驶里程法，则2020年应计提折旧额为（　　）元。

A.72750　　　　　　B.58200　　　　　　C.60000　　　　　　D.75000

【答案】A

【解析】$\dfrac{30\times(1-3\%)}{8}\times 2$=7.275（万元）=72750（元）。

4.某施工机械预算价格140万元，折旧年限12年，按年限平均法折旧，净残值率为5%，年平均工作260台班，机械台班折旧费为（　　）元。

A.426.28　　　　　　B.448.72　　　　　　C.5115.38　　　　　　D.5384.62

【答案】A

【解析】1400000×（1-5%）/（260×12）=426.28（元）。

5.关于采用双倍余额递减法计算固定资产折旧的说法中正确的有（　　）。

A.寿命期累计折旧额与年限平均法累计折旧额相等

B.前期年折旧额高，后期年折旧额低

C.固定资产账面价值逐年减少

D.固定资产折旧年限与年限平均法折旧年限相同

E.计算折旧额使用的折旧率逐年下降

【答案】ACD

【解析】B选项错误，双倍余额递减法有特殊情况，不一定后期年折旧额低于前期。E选项错误，双倍余额递减法折旧率不变。

考点23　施工企业期间费用的构成★★

1.企业会计核算中，施工企业行政管理部门使用的固定资产的维修费用属于（　　）。

A.财务费用　　　　　　　　　　　　B.工程设备费用

C.施工机具使用费　　　　　　　　　D.管理费用

【答案】D

【解析】施工企业行政管理部门使用的固定资产的维修费用属于管理费中的固定资产使用费,故D选项正确。

2.施工企业支付给银行的短期借款利息应计入企业的(　　)。

A.管理费用　　　　　　　　　　　　B.生产费用

C.财务费用　　　　　　　　　　　　D.销售费用

【答案】C

【解析】财务费用包括利息支出(减利息收入)、汇兑损失(减汇兑收益)、相关的手续费以及企业发生的现金折扣等。C选项正确。

3.下列施工企业的费用中,在会计核算时应计入生产费用中的间接费用的是(　　)。

A.企业质量管理部门办公费

B.项目部管理人员工资

C.经营部门人员工资

D.企业融资的财务费用

【答案】B

【解析】生产费用即工程成本,是工程施工过程中发生的,按一定成本核算对象归集的生产费用总和,包括直接费用和间接费用。A、C、D选项错误,属于期间费,B选项属于生产费用中的间接费用。

4.施工企业发生的下列费用,应当计入财务费用的有(　　)。

A.现金折扣

B.发行债券支付的手续费

C.财务部门的办公费

D.应付票据的利息

E.汇兑损失

【答案】ABDE

【解析】期间费中的财务费包括利息支出、汇兑损失、手续费、现金折扣、重大融资成分的摊销等。C选项错误,属于管理费。

5.建设单位针对某项目建设投资向银行借款,贷款期限5年,项目建设期2年,建成后即投入运行,借款合同约定在借款期限5年内每年年末等额偿还本息,则该建设单位在第3至5年所偿还的建设投资借款利息应计入各年的(　　)。

A.经营成本　　　　　　　　　　　　B.管理费用

C.建设期利息　　　　　　　　　　　D.财务费用

【答案】D

【解析】利息属于财务费用。

考点24　收入的分类、确认★★★

1.销售商品或提供劳务取得的收入，对相关会计要素产生的影响可能是（　　）。

　　A.资产增加　　　　　　　　　　　　　　B.负债减少

　　C.所有者权益增加　　　　　　　　　　　D.所有者权益减少

　　E.资产减少，负债增加

【答案】ABC

【解析】收入的特点有：①收入从企业的日常活动中产生；②收入可能表现为资产增加或负债减少或二者兼而有之；③收入变化可能导致所有者权益增加，收入是与所有者投入无关的经济利益总流入；④收入只包括本企业经济利益流入，不包括为第三方或客户代收的款项。A、B、C选项正确，D、E选项错误。

2.施工企业转让一项专利技术取得的收入属于（　　）。

　　A.施工合同收入　　　　　　　　　　　　B.让渡资产使用权收入

　　C.提供劳务收入　　　　　　　　　　　　D.销售商品收入

【答案】B

【解析】让渡资产使用权收入是指企业通过让渡资产使用权而取得的收入，如发放贷款的利息收入，租赁设备的租赁收入等。B选项正确。

①建造（施工）合同收入	建造设计桥梁、房屋、水坝、大型机械等
②提供劳务收入	机械作业、运输服务、设计业务、产品安装等
③销售商品收入	自行加工的碎石、商品混凝土、门窗制品等
	原材料、周转材料、包装物、低值易耗品等
④让渡资产使用权收入	租赁、贷款等

3.2017年，某施工企业施工合同收入为2000万元，兼营销售商品混凝土收入为500万元，出租起重机械收入为80万元，代收商品混凝土运输企业运杂费为100万元，则2017年该企业的营业收入为（　　）万元。

　　A.2680　　　　　　　B.2580　　　　　　　C.2500　　　　　　　D.2000

【答案】B

【解析】营业收入=主营业务收入+其他业务收入=2000+500+80=2580（万元）。

4.当企业与客户之间的合同同时满足（　　）条件时，企业应当在客户取得相关商品控制权时确认收入。

　　A.合同各方明确各自权利义务且已批准该合同并承诺将履行各自义务

　　B.该合同有明确的与所转让商品相关的支付条款

　　C.企业因向客户转让商品而有权取得的对价很可能收回

　　D.该合同具有商业实质，即履行该合同将改变企业未来现金流量的风险、时间分布或金额

　　E.企业因向客户转让商品所有权取得的对价确定能够收回

【答案】ABCD

【解析】企业与客户的合同同时满足下列条件时，企业应当在客户取得相关商品控制权时确认收入：①合同各方已批准该合同并承诺将履行各自义务；②该合同明确了合同各方与所转让商品或提供劳务（以下简称"转让商品"）相关的权利和义务；③该合同有明确的与所转让商品相关的支付条款；④该合同具有商业实质，即履行该合同将改变企业未来现金流量的风险、时间分布或金额（非商业实质：非货币性资产交换）；⑤企业因向客户转让商品而有权取得的对价很可能收回。

5.在施工企业的下列收入中，属于让渡资产使用权收入的是（ ）。

A.机械作业收入　　　　　　　　B.运输服务收入

C.利息收入　　　　　　　　　　D.产品安装收入

【答案】C

【解析】机械作业收入、运输服务收入、产品安装收入都属于提供劳务收入，C选项正确。

考点25　建造合同的分类、分立与合并★

1.将一项包括数项资产的建造合同分立为单项合同需同时具备一定条件，包括（ ）。

A.每项资产均有独立的建造计划

B.每项资产的收入和成本可以单独辨认

C.每项资产的价格不低于合同价格的三分之一

D.每项资产可以独立进行分包，且可由不同的分包单位实施

E.与客户就每项资产单独进行谈判，双方能够接受或拒绝与每项资产有关的合同条款

【答案】ABE

【解析】同时满足下列条件，建造合同可以分立：①每项资产均有独立的建造计划；②与客户就每项资产单独进行谈判，双方能够接受或拒绝与每项资产有关的合同条款；③每项资产的收入和成本可以单独辨认。所以A、B、E选项正确，C、D选项错误。

2.将若干建造合同合并为一个合同，这些条件包括（ ）。

A.该组合同按一揽子交易签订

B.该组合同都是由同一个总包中标

C.该组合同密切相关，每项合同实际上已构成一项综合利润率工程的组成部分

D.该组合同的收入和成本可以单独辨认

E.该组合同同时或依次履行

【答案】ACE

【解析】同时满足下列条件，建造合同可以合并：①该组合同按一揽子交易签订；②该组合同密切相关，每项合同实际上已构成一项综合利润率工程的组成部分；③该组合同同时或依次履行。A、C、E选项

正确，B、D选项错误。

考点26　建造合同收入的内容及确认★★★

1.从施工企业的角度，建造合同收入包括（　　）。

A.变卖项目废弃材料的收入

B.建造合同规定的初始收入

C.企业出租施工机械的收入

D.合同执行过程中变更形成的收入

E.项目提前完工而获得的额外奖励款项

【答案】BDE

【解析】建造合同收入包括初始收入、变更、索赔、奖励收入。B、D、E选项正确。

2.当建筑业企业不能可靠地估计施工合同的结果时，会计核算确认和计量当期合同收入可能采用的处理方法有（　　）。

A.按工期比例法确认收入　　　　　　　B.不确认收入

C.按完工百分比确认收入　　　　　　　D.按实际投入的成本确认收入

E.按能够收回的实际合同成本确认收入

【答案】BE

【解析】若建造合同的结果不能可靠估计，当合同成本能够回收的，合同收入根据能够收回的实际合同成本予以确认，合同成本在其发生的当期确认为合同费用，E选项正确。合同成本不能回收的，在发生时立即确认为合同费用，不确认合同收入，B选项正确。

3.某施工企业与业主订立了一项总造价为10000万元的施工合同，合同约定工期为3年，第1年实际发生合同成本3200万元，年末预计为完成合同尚需发生成本6000万元，则第1年合同完工进度为（　　）。

A.32.00%　　　　　　　　　　　　　　B.53.33%

C.34.78%　　　　　　　　　　　　　　D.92.00%

【答案】C

【解析】合同完工进度=累计实际发生的合同成本÷合同预计总成本×100%=3200÷（3200+6000）×100%=34.78%。

4.某总造价5000万元的固定总价建造合同，约定工期为3年。假定经计算第1年完工进度为30%，第2年完工进度为70%，第3年全部完工交付使用。则关于合同收入确认的说法，正确的有（　　）。

A.第1年确认的合同收入为1500万元

B.第2年确认的合同收入为3500万元

C.第3年确认的合同收入少于第2年

D.第3年确认的合同收入为0

E.3年累计确认的合同收入为5000万元

【答案】ACE

【解析】完工百分比法的计算。第1年确定的收入为5000×30%=1500（万元）；第2年确定的收入为5000×70%-1500=2000（万元）；第3年确定的收入为5000-1500-2000=1500（万元）。A、C、E选项正确。B选项错误，第2年确认的合同收入为2000万元。D选项错误，第3年确认的合同收入为1500万元。

5.某施工合同项目预计总成本为3000万元，至第1年年末，承包人自行施工部分累计实际发生的合同成本为1200万元，合同约定由承包人采购的已进场待安装工程设备200万元，已进场待使用的工程材料100万元，已预付分包工程款150万元（分包工作量尚未完成），则第1年年末承包人的合同完工进度为（　　）。

A.45%　　　　　　　　　　　　B.48%

C.55%　　　　　　　　　　　　D.40%

【答案】D

【解析】合同完工进度=累计实际发生的合同成本÷合同预计总成本×100%=1200/3000×100%=40%，需要注意的是，累计实际发生的合同成本不包括施工中尚未安装或使用的材料成本等与合同未来活动相关的合同成本，也不包括在分包工程的工作量完成之前预付给分包单位的款项，D选项正确。

考点27　利润的计算★★

1.下列事项中，会导致企业营业利润减少的是（　　）。

A.固定资产盘亏　　　　　　　　B.所得税费用增加

C.发生债务重组损失　　　　　　D.管理费用增加

【答案】D

【解析】营业利润=营业收入-营业成本（或营业费用）-税金及附加-销售费用-管理费用-财务费用-资产减值损失+公允价值变动收益（损失为负）+投资收益（损失为负），会导致营业利润减少的就是公式中需要减掉的，管理费用、财务费用和销售费用是期间费用的具体表现形式，所以D选项正确。

2.某施工企业2017年的经营业绩为营业收入3000万元，营业成本1800万元，税金及附加180万元，期间费用320万元，投资收益8万元，营业外收入20万元。则该企业2017年的利润总额为（　　）万元。

A.908　　　　　B.720　　　　　C.728　　　　　D.700

【答案】C

【解析】营业利润=营业收入-营业成本-税金及附加-期间费用+投资收益-资产减值损失=3000-1800-180-320+8=708（万元）；利润总额=营业利润+营业外收入-营业外支出=708+20=728（万元）。C选项正确。

3.企业净利润是（　　）的余额。

A.当期营业利润扣除所得税费用　　　　B.当期收入扣除增值税及附加

C.当期利润总额扣除增值税及附加　　　　D.当期利润总额扣除所得税费用

【答案】D

【解析】净利润=利润总额-所得税。D选项正确。

4.某施工企业年度工程结算收入为3000万元，营业成本和税金及附加为2300万元，管理费用200万元，财务费用为100万元，其他业务收入为200万元，投资收益为150万元，营业外收入为100万元，营业外支出为80万元，所得税为100万元，则企业营业利润为（　　）万元。

A.500　　　　　　　　　　　　　　　　B.520

C.670　　　　　　　　　　　　　　　　D.750

【答案】D

【解析】营业利润=营业收入-营业成本（营业费用）-税金及附加-销售费用-管理费用-财务费用-资产减值损失+公允价值变动收益（损失为负）+投资收益（损失为负）。营业收入包括主营业务收入和其他业务收入。营业利润=3000+200-2300-200-100+150=750（万元）。

5.某施工企业在2022年取得营业利润5000万元，固定资产盘亏600万元，处置无形资产净收益500万元，缴纳罚款支出20万元，债务重组损失800万元。该企业2022年度的利润总额为（　　）万元。

A.3080　　　　　　　　　　　　　　　　B.4100

C.4080　　　　　　　　　　　　　　　　D.5000

【答案】C

【解析】利润总额=营业利润+营业外收入-营业外支出=5000-600+500-20-800=4080（万元）。

考点28　所得税费用★★★

1.核算企业一定时间内应税所得额时，下列收入中属于不征税收入的是（　　）。

A.提供专利使用所得的收入　　　　　　B.转让财产收入

C.接受捐赠取得的收入　　　　　　　　D.接受财政拨款取得的收入

【答案】D

【解析】收入总额中，下列收入为不征税收入：①财政拨款；②依法收取并纳入财政管理的行政事业性收费、政府性基金；③国务院规定的其他不征税收入。故D选项正确。

2.下列属于免税收入的是（　　）。

A.财政拨款　　　　　　　　　　　　　B.生产材料费

C.固定资产折旧　　　　　　　　　　　D.国债利息收入

【答案】D

【解析】A选项错误，属于不征税收入。B、C选项错误，都是各项扣除里不用上税的。D选项正确，属于免税收入。

3.企业计算某一时期应纳税所得额时，下列固定资产中，不得计算折旧扣除的是（ ）。

A.以经营租赁方式租出的固定资产

B.以融资租赁方式租入的固定资产

C.已建成未投入使用的房屋、建筑物

D.已足额提取折旧但仍继续使用的固定资产

【答案】D

【解析】在计算应纳税所得额时，企业按照规定计算的固定资产折旧，准予扣除。但下列固定资产不得计算折旧扣除：①房屋、建筑物以外未投入使用的固定资产；②以经营租赁方式租入的固定资产；③以融资方式租出的固定资产；④已足额提取折旧仍继续使用的固定资产；⑤与经营活动无关的固定资产；⑥单独估价作为固定资产入账的土地。故D选项正确。

4.根据《中华人民共和国企业所得税法》，下列企业取得的收入中，属于不征税收入的是（ ）。

A.债务重组收入

B.已做坏账损失处理后又收回的应收账款

C.违约金收入

D.依法代政府收取的具有专项用途的财政资金

【答案】D

【解析】不征税收入包括：①财政拨款：各级人民政府对纳入预算管理的事业单位、社会团体等组织拨付的财政资金，但国务院和国务院财政、税务主管部门另有规定的除外。②依法收取并纳入财政管理的行政事业性收费、政府性基金。行政事业性收费，是指依照法律法规等有关规定，按照国务院规定程序批准，在实施社会公共管理，以及在向公民、法人或者其他组织提供特定公共服务过程中，向特定对象收取并纳入财政管理的费用。政府性基金，是指企业依照法律、行政法规等有关规定，代政府收取的具有专项用途的财政资金。③国务院规定的其他不征税收入。企业取得的，由国务院财政、税务主管部门规定专项用途并经国务院批准的财政性资金等。D选项正确。

5.计算企业应纳税所得额时，下列资产中，不得计算折旧扣除的是（ ）。

A.经营租赁方式租入的机械设备

B.已转入企业固定资产但尚未使用的房屋

C.融资租赁方式租入的机械设备

D.企业管理部门使用尚未提足折旧的办公设备

【答案】A

【解析】在计算应纳税所得额时，企业按照规定计算的固定资产折旧，准予扣除。但下列固定资产不得计算折旧扣除：①房屋、建筑物以外未投入使用的固定资产；②以经营租赁方式租入的固定资产；③以融资租赁方式租出的固定资产；④已足额提取折旧仍继续使用的固定资产；⑤与经营活动无关的固定资产；⑥单独估价作为固定资产入账的土地；⑦其他不得计算折旧扣除的固定资产。故A选项正确。

考点29 财务报表构成及列报的基本要求 ★★★

1.关于企业财务报表列报要求的说法中正确的有（　　）。

A.企业应依据实际发生的交易和事项依规定进行确认和计量

B.项目的列报在各个会计期间保持一致，不得随意变更

C.当期所有列报项目至少提供与上一个可比会计期间的比较数据

D.相关的收入和费用项目应事先互相抵消，以净额列报

E.年度报表涵盖期间少于一年的应说明原因

【答案】ABCE

【解析】D选项错误，应以总额列报，不能以净额列报。A、B、C、E选项说法正确。

2.根据我国现行《企业会计准则》，企业财务报表至少应当包括（　　）。

A.资产负债表　　　　　　　　B.成本分析表

C.利润表　　　　　　　　　　D.现金流量表

E.所有者权益变动表

【答案】ACDE

【解析】财务报表至少应当包括资产负债表、利润表、现金流量表、所有者权益（或股东权益）变动表和附注，没有成本分析表。A、C、D、E选项正确。

3.根据现行会计制度，反映企业在某一特定日期财务状况的报表是（　　）。

A.利润表　　　　　　　　　　B.现金流量表

C.资产负债表　　　　　　　　D.所有者权益变动表

【答案】C

【解析】根据现行会计制度，反映企业在某一特定日期财务状况的报表是资产负债表。反映企业在一定会计期间的经营成果的是利润表。C选项正确。

4.资产负债表中的资产项目是按照资产的（　　）顺序排列。

A.金额从小到大　　　　　　　B.流动性从大到小

C.购置时间从先到后　　　　　D.成新率从高到低

【答案】B

【解析】资产负债表中的资产项目是按照资产流动性从大到小顺序排列。负债按债务必须支付的时间由近及远排列。B选项正确。

5.根据现行《企业会计准则》，关于企业财务报表列报基本要求的说法中正确的有（　　）。

A.企业应当以持续经营为基础编制财务报表

B.重要项目应单独列报

C.报表列示项目不应相互抵消

D.当期报表列报项目与上期报表项目应当具有可比性

E.企业至少应当按月编制财务报表

【答案】ABCD

【解析】企业至少应当按年编制财务报表，E选项错误，其他选项正确。

考点30　现金流量表组成★★★

1.下列财务报表中，属于按照收付实现制原则编制的是（　　）。

A.资产负债表　　　　　　　　　　B.利润表

C.现金流量表　　　　　　　　　　D.所有者权益变动表

【答案】C

【解析】现金流量表是反映企业一定会计期间现金和现金等价物流入和流出的财务报表，是按照收付实现制原则编制的，C选项正确。

2.企业编制现金流量表时，短期投资视为现金等价物必须同时具备的条件是期限短、流动性强、易于转换为已知金额的现金以及（　　）。

A.价值变动风险小　　　　　　　　B.投资数额小

C.预期收益高　　　　　　　　　　D.转换方式多

【答案】A

【解析】作为现金等价物的短期投资必须同时满足以下四个条件：①期限短；②流动性强；③易于转换为已知金额的现金；④价值变动风险小。A选项正确。

3.下列财务计划现金流量表的构成项中，属于投资活动净现金流量的有（　　）。

A.建设投资借款　　　　　　　　　B.建设投资

C.维持运营投资　　　　　　　　　D.偿还债务本金

E.流动资金

【答案】BCE

【解析】对于财务计划现金流量表中属于投资活动净现金流量的有建设投资、维持运营投资、流动资金和其他流出，B、C、E选项正确。A、D选项属于筹资活动借款。属于投资活动净现金流量的有：①投资支付的现金：建设投资、流动资金、维持运营投资。②取得子公司及其他营业单位支付的现金净额。③购建固定资产、无形资产和其他长期资产支付的现金。④收回投资收到的现金。⑤取得投资收益收到的现金。⑥处置固定资产、无形资产和其他长期资产收回的现金净额。⑦处置子公司及其他营业单位收到的现金净额。

4.企业现金流量表中，属于经营活动产生的现金流量的有（　　）。

A.收回投资收到的现金　　　　　　B.吸收投资收到的现金

C.收到的税费返还　　　　　　　　D.购买商品支付的现金

E.承包工程产生的现金流入

【答案】CDE

【解析】A选项错误，属于投资活动现金流量。B选项错误，属于筹资活动现金流量。

5.下列经济活动产生的现金中不属于筹资活动产生的现金流量的是（　　）。

A.处置子公司收到的现金净额

B.取得借款收到的现金

C.分配股利支付的现金

D.偿还债务支付的现金

【答案】A

【解析】处置子公司收到的现金净额属于投资活动的现金流量。

考点31　财务比率分析★★★

1.某企业2021年年末的流动资产构成为：货币资金800万元，存货500万元，交易性金额资产300万元，应收账款450万元，其他应收款200万元，流动负债为1050万元。该企业2021年年末的速动比率是（　　）。

A.1.67　　　　　　　　　　　　B.1.05

C.1.24　　　　　　　　　　　　D.2.14

【答案】A

【解析】速动比率=速动资产/流动负债=（800+300+450+200）/1050=1.67。A选项正确。

2.下列财务指标中，属于企业营运能力指标的有（　　）。

A.应收账款周转率　　　　　　　B.总资产周转率

C.利息备付率　　　　　　　　　D.流动资产周转率

E.存货周转天数

【答案】ABDE

【解析】A、B、D、E选项正确，营运能力指标全部带周转。C选项错误，属于偿债能力指标。

3.企业财务比率分析中，反映盈利能力的指标有（　　）。

A.总资产周转率　　　　　　　　B.总资产净利率

C.权益净利率　　　　　　　　　D.存货周转率

E.营业收入增长率

【答案】BC

【解析】A、D选项错误，属于营运能力指标。E选项错误，属于发展能力指标。B、C选项正确，属于盈利能力指标。

4.某企业上年年初所有者权益总额为5000万元，年末所有者权益相对年初减少200万元。本年年末所有者权益总额为5500万元，则该企业本年度的资本积累率为（   ）。

A.10.00% B.10.42% C.14.58% D.14.00%

【答案】C

【解析】上年年末（即本年年初）所有者权益总额=5000-200=4800（万元）。本年度企业资本积累率=（5500-4800）/4800=14.58%。C选项正确。

5.某企业年初资产总额为500万元，年末资产总额为540万元，当年营业收入为900万元，其中主营业务收入为832万元，则该企业一年中总资产周转率为（   ）次。

A.1.80
C.1.60
B.1.73
D.1.54

【答案】C

【解析】总资产周转率=$\dfrac{主营业务收入}{（期初资产总额+期末资产总额）\div 2}=\dfrac{832}{(500+540)\div 2}=1.6$（次）。

6.某企业年初存货总额为500万元，年末存货总额为540万元，当年营业收入为900万元，其中主营业务收入为832万元，营业成本为600万元，其中主营业务成本为500万元，当需评估企业资产的变现能力时，该企业一年中存货周转率为（   ）次。

A.1.80
C.1.60
B.1.73
D.1.54

【答案】B

【解析】存货周转率=$\dfrac{营业收入}{（期初存货总额+期末存货总额）\div 2}=\dfrac{900}{(500+540)\div 2}=1.73$（次）。

考点32 企业筹资 ★★

1.某施工企业在经营过程中同时发行可转换债券和认股权证，则该筹资方式属于（   ）。

A.内源筹资 B.权益筹资
C.混合筹资 D.债务筹资

【答案】C

【解析】C选项正确，发行可转换债券和认股权证，该筹资方式属于外源筹资中的混合筹资。以下表格为外源筹资的分类及举例：

外源筹资	权益筹资	普通股 优先股
	债务筹资	借款筹资 债券筹资
	混合筹资	可转换债券 认股权证

2.下列企业筹集资金的方式中,属于外源筹资渠道中间接融资方式的是（   ）。

A.发行股票

B.变卖闲置资产

C.利用未分配的利润

D.向商业银行申请贷款

【答案】D

【解析】判断是否通过银行等金融中介机构融资,要区分为两种筹资方式:①直接筹资:不通过银行等金融中介机构,例如发行股票、企业债券。②间接筹资:通过银行等金融中介机构,例如向银行申请贷款、委托信托公司证券化筹资。D选项正确。

3.企业作为筹资主体时,内源筹资资金的来源有（   ）。

A.留存收益   B.债券筹资

C.优先股筹资   D.普通股筹资

E.应收账款

【答案】AE

【解析】B、C、D选项错误,均属于外源筹资。

考点33　项目融资 ★★

1.项目融资的特点有（   ）。

A.项目融资主要根据项目发起人的预期利润,抵押资产情况安排融资

B.贷款人可以在贷款的某个特定阶段对项目借款人实行追索

C.可以帮助投资者将贷款安排为一种非公司负债性融资

D.贷款人对投资者资信和项目资产外的其他资产的依赖程度高

E.可以将贷款的信用支持分配到与项目相关的各个方面,提高债务承受能力

【答案】BCE

【解析】A选项错误,项目融资是以项目为主体的融资活动。B选项正确,贷款人可以在贷款的某个特定阶段对项目借款人实行追索。C选项正确,可以帮助投资者将贷款安排为一种非公司负债性融资。D选项错误,E选项正确,采用项目融资的项目一般具有灵活的项目结构,可以将贷款的信用支持分配到与项目有关的各个方面,提高项目的债务承受能力,减少贷款人对投资者资信和其他资产的依赖程度。

2.下列属于使用者付费的特许经营模式的是（   ）。

A.建设—运营—移交（BOT）

B.委托运营等市场化模式

C.建设—拥有—运营—移交（BOOT）

D.建设—拥有—运营（BOO）

E.转让—运营—移交（TOT）

【答案】AC

【解析】使用者付费的特许经营模式有：建设-运营-移交（BOT）和建设-拥有-运营-移交（BOOT）。

3.关于项目融资特点的说法，正确的有（ ）。

A.项目出现问题，项目贷款人可以追索借款人除该项目以外的任何形式的资产

B.项目融资是以项目为主体的融资活动

C.项目融资是一种需进入项目投资者资产负债表的贷款形式

D.在项目初始阶段应合理分配全寿命周期中的风险

E.通常会增加贷款人对投资者资信的依赖程度

【答案】BD

【解析】项目出现任何问题，贷款人均不能追索到项目借款人除该项目资产、现金流量以及政府承诺义务之外的任何形式的资产，A选项错误；项目融资是一种在资产负债表之外的融资，C选项错误；采用项目融资的项目一般具有灵活的项目结构，可以将贷款的信用支持分配到与项目有关的各个方面，提高项目的债务承受能力，减少贷款人对投资者资信和其他资产的依赖程度，E选项错误。

4.关于项目融资特点的说法中正确的有（ ）。

A.采用的信用结构比较灵活

B.可以合理分配投资风险

C.是以发起项目的企业为主体的融资活动

D.属于无限追索贷款

E.是投资人资产负债表之内的融资

【答案】AB

【解析】项目融资具有以下特点：①以项目为主体；②有限追索贷款；③合理分配投资风险；④项目资产负债表之外的融资；⑤灵活的信用结构。故A、B选项正确。

考点34 短期筹资的特点和方式 ★★

1.下列短期筹资方式中属于商业信用形式的有（ ）。

A.其他预付款   B.应付账款

C.短期借款   D.应付票据

E.预收账款

【答案】BDE

【解析】商业信用的具体形式有应付账款、应付票据、预收账款等。B、D、E选项正确。

2.施工企业从建设单位取得工程预付款,属于企业筹资方式中的(　　)筹资。

A.商业信用　　　　　　　　　　　B.融资租赁

C.短期借款　　　　　　　　　　　D.长期借款

【答案】A

【解析】预收账款是一种典型的商业信用形式。例如施工企业向建设单位、房地产开发企业等发包单位收取的预收备料款和预收工程款等均属于商业信用筹资方式。

3.下列筹资方式中,属于商业信用筹资方式的是(　　)。

A.短期借款　　　　　　　　　　　B.缴货租赁

C.抵押贷款　　　　　　　　　　　D.预收账款

【答案】D

【解析】商业信用包括预收账款、应付账款、应付票据等。D选项正确。

考点35　长期筹资的特点和方式★★

1.关于设备融资租赁的说法中正确的是(　　)。

A.租赁期的设备租金总额低于直接购置设备的费用

B.租赁容易导致承租人资产负债状况恶化

C.租赁期间承租人可以将租用设备用于抵押贷款

D.设备融资租赁的租期通常较长

【答案】D

【解析】A选项错误,租赁期的设备租金总额高于直接购置设备的费用。B选项错误,融资租赁不容易导致承租人资产负债状况恶化。C选项错误,租赁期间承租人不能将租用设备用于抵押贷款。D选项正确,典型的融资租赁是指长期的、完全补偿的、不可撤销的、由承租人负责维护的租赁。融资租赁最主要的外部特征是租期长。

2.融资租赁的租金应由(　　)构成。

A.租赁资产的成本

B.出租人承办租赁业务的费用

C.租赁资产的运行成本

D.租赁资产成本的利息

E.出租人提供租赁服务的利润

【答案】ABDE

【解析】租金=资产成本+成本利息+手续费,手续费=费用+利润。A、B、D、E选项正确。

3.关于融资租赁的说法，正确的是（　　）。

A.融资租赁的出租人应将租赁资产列入其资产负债表

B.承租人支付的租赁费中的利息不能在企业所得税前扣除

C.融资租赁的承租人应当采用与自有固定资产一样的折旧政策计提租赁资产折旧

D.融资租赁的承租人可随时退租

【答案】C

【解析】承租人作为融资活动的债务人，应当采用与自有固定资产相一致的折旧政策计提租赁资产折旧。

考点36　资金成本分析★★★

1.下列发行债券发生的资金成本中属于资金占用费的是（　　）。

A.债券利息　　　　　　　　　　B.代理发行费

C.印刷费　　　　　　　　　　　D.公证费

【答案】A

【解析】A选项正确，资金占用费是指企业占用资金支付的费用，如银行借款利息和债券利息等。筹资费用是指在资金筹集过程中支付的各项费用，如发行债券支付的印刷费、代理发行费、律师费、公证费、广告费等，它通常是在筹措资金时一次性支付，在使用资金的过程中不再发生，B、C、D选项错误。

2.某企业从银行取得5年的长期借款1000万元，该笔借款的担保费费率为0.5%，利率为6%，每年结息一次，到期一次还本，企业所得税税率为25%，则该笔借款年资本金成本占比为（　　）。

A.4.50%　　　　　　　　　　　B.4.52%

C.6.00%　　　　　　　　　　　D.6.03%

【答案】B

【解析】资金成本=资金占用费×（1-所得税税率）/筹资净额=[1000×6%×（1-25%）]/[1000×（1-0.5%）]=4.52%。B选项正确。

3.某公司长期资本总额为20000万元，其构成为长期借款5000万元，长期债券8000万元，普通股7000万元，对应资金成本率分别为5%、6%、10%，该公司综合资金成本为（　　）。

A.5.36%　　　　　　　　　　　B.6.24%

C.7.00%　　　　　　　　　　　D.7.15%

【答案】D

【解析】综合资金成本=∑第j种个别资金成本×其比重；

长期借款比例：5000/20000=25%。长期债券比例：8000/20000=40%。

普通股比例：7000/20000=35%。综合成本：25%×5%+40%×6%+35%×10%=7.15%。D选项正确。

4.某企业为扩大投资规模，拟投资15000万元，现有4个筹资方案，其中筹资方案甲的相关数据如下表，筹资方案乙、丙、丁的综合资金成本分别为11.36%、10.71%、11.93%，则仅根据上述条件，为完成筹资，依据综合资金成本应选择的筹资方案为（　　）。

筹资方式	原资本结构		筹资方案甲	
	筹资额/万元	个别资金成本	筹资额/万元	个别资金成本
长期借款	3000	7%	1000	7.5%
长期债券	3000	7.5%	4000	8%
优先股	2000	11%	3000	12%
普通股	7000	14%	7000	13%
合计	15000		15000	

A.甲　　　　　　B.乙　　　　　　C.丙　　　　　　D.丁

【答案】C

【解析】甲方案的综合资金成本为 $\frac{1000}{15000} \times 7.5\% + \frac{4000}{15000} \times 8\% + \frac{3000}{15000} \times 12\% + \frac{7000}{15000} \times 13\% = 11.1\%$，选择综合资金成本最低的方案，C选项正确。

5.某企业从银行借入一笔长期贷款2000万元，手续费率为0.2%，年利率为7%，期限为5年，每年结息一次，年末付息。到期一次还本，企业所得税税率为25%，则该项借款的资金成本为（　　）。

A.7.297%　　　　B.7.01%　　　　C.5.25%　　　　D.5.45%

【答案】C

【解析】$7\% \times \frac{1-25\%}{1-0.2\%} = 5.25\%$。

考点37　现金管理★★★

1.企业持有一定量的现金用于保证月末职工的工资发放，其置存的目的是满足（　　）需要。

A.交易性　　　　B.投机性　　　　C.预防性　　　　D.风险管理

【答案】A

【解析】A选项正确，交易性需要是指满足日常业务的现金支付需要。C选项错误，预防性需要是指置存现金以防发生意外的支付。B选项错误，投机性需要是指置存现金用于不寻常的购买机会。D选项错误，没有这个词语。

2.下列现金收支管理措施中，能提高现金使用效率的是（　　）。

A.争取使现金流入的时间晚一些，现金流出的时间尽可能早一些

B.使用现金浮游量

C.推迟应收款的时间

D.提前应付款的支付

【答案】B

【解析】现金管理方法有：①力争现金流量同步；②使用现金浮游量；③加速收款；④推迟应付款的支付。B选项正确。

3.某企业有甲、乙、丙、丁四个现金持有方案如下表（单位：元）所示，机会成本是现金持有量的8%，按成本分析模式选择的最佳现金持有方案应为（　　）方案。

方案项目	甲	乙	丙	丁
现金持有量	40000	50000	60000	80000
管理成本	3000	3000	3000	3000
短缺成本	6500	5000	4500	0

A.甲　　　　　　　　B.乙　　　　　　　　C.丙　　　　　　　　D.丁

【答案】D

【解析】机会成本、管理成本、短缺成本三者之和最小对应的就是最佳现金持有量，三者之和如下表（单位：元）所示。

方案项目	甲	乙	丙	丁
现金持有量	40000	50000	60000	80000
管理成本	3000	3000	3000	3000
短缺成本	6500	5000	4500	0
机会成本	3200	4000	4800	6400
三者之和	12700	12000	12300	9400

三者之和最小对应的就是最佳现金持有量，故选择丁方案，D选项正确。

4.为了提高资金使用效率，企业可采取的现金管理方法有（　　）。

A.推迟应付票据及应付账款的支付，充分利用供货方提供的信用优惠

B.尽量使现金流入和流出发生的时间趋于一致

C.制定收账政策时，缩短应收账款和应收票据的时间

D.合理使用现金浮游量

E.尽可能多地将现金转换为有价证券以获得收益

【答案】ABCD

【解析】为了提高现金使用效率，一般企业可以采用如下管理方法：①力争现金流量同步，要尽量使其现金流入和现金流出发生的时间趋于一致（B选项正确）；②使用现金浮游量（D选项正确）；③加速收款，主要是指缩短应收票据及应收账款的时间（C选项正确）；④推迟应付票据及应付账款的支付（A选项正确）。

5.企业为提高现金使用效率，利用已经开出的支票而银行还未将该款项划出这一时间段内的资金，此现金管理的方法属于（　　）的方法。

A.使用现金浮游量　　　　　　　　B.使现金流量同步

C.加速收款　　　　　　　　　　　　D.推迟应付账款的支付

【答案】A

【解析】使用现金浮游量，即从企业开出支票，到收票人收到支票并存入银行，至银行将款项划出企业账户，中间需要一段时间。现金在这段时间的占用称为现金浮游量。A选项正确。

考点38　应收账款管理★

1.关于应收账款管理目标，说法正确的是（　　）。

A.应收账款是商业信用的直接产物，其管理目标是求得利润

B.只有当应收账款所增加的盈利超过所增加的成本时，才应当实施应收账款赊销

C.延长信用期，会使销售额增加，产生有利影响，应收账款、收账费用和坏账损失减少

D.拖欠时间越长，款项收回可能性越小，形成坏账可能性越大，企业应实施严密的监督，随时掌握回收情况

E.实施对应收票据及应收账款回收情况的监督，可以通过编制账龄分析表进行

【答案】ABDE

【解析】C选项错误，延长信用期，会使销售额增加，产生有利影响，但应收账款、收账费用和坏账损失会增加。A、B、D、E选项正确。

2.企业应收账款管理中，可以通过"5C"系统对顾客的（　　）进行评估。

A.资产状况　　　　　　　　　　　　B.信用品质

C.偿债能力　　　　　　　　　　　　D.盈利能力

【答案】B

【解析】"5C"系统是对顾客的信用品质进行评估。B选项正确。

3.企业为了对应收票据和原收账款回收情况进行监督，可采取的措施是（　　）。

A.编制账龄分析表　　　　　　　　　B.制定现金折扣政策

C.调整信用期间　　　　　　　　　　D.增加收账人员催收账款

【答案】A

【解析】实施对应收票据及应收账款回收情况的监督，可以通过编制账龄分析表进行。

考点39　存货管理★★★

1.关于企业存货管理的说法，正确的是（　　）。

A.存货管理的目标是最大限度地降低存货成本

B.存货管理是要在存货成本与存货效益之前做出权衡，达到两者之间的最佳结合

C.财务部门存货管理的职责是选择供应单位及筹集订货资金

D.存货总成本是由取得成本和缺货成本组成

【答案】B

【解析】A选项错误，B选项正确，存货管理的目标是在各种存货成本与存货效益之间做出权衡，达到两者的最佳结合。C选项错误，错在供应单位是采购部门确定。D选项错误，错在存货成本由取得成本、存储成本、缺货成本组成。

2.某施工企业生产所需的甲材料，年度采购总量为15000吨，材料单价为6000元/吨，每次订货的变动成本为3000元，每吨材料的年平均储存成本为200元，则甲材料的经济采购批量为（　　）吨。

A.150.00　　　　B.300.00　　　　C.474.34　　　　D.670.82

【答案】D

【解析】经济采购批量 $= \sqrt{\dfrac{2 \times 年需求量 \times 每次订货变动成本}{单位储存变动成本}}$，$Q = \sqrt{\dfrac{2 \times 15000 \times 3000}{200}} = 670.82$（吨）。D选项正确。

3.采用ABC分析法实施存货管理时，A类存货的特点是（　　）。

A.品种多且应用广　　　　B.品种少但占用资金多

C.品种多但占用资金少　　D.数量少且占用资金少

【答案】B

【解析】A类存货：种类少，占资多，认真规划，严格控制。C类存货：种类多，占资少，不必耗费过多精力，凭经验确定进货量。B类存货：介于A和C类之间，也应给予重视，但不必像A类那样严格，根据实际情况采取灵活措施。B选项正确。

4.下列属于储存成本的是（　　）。

A.存货破损和变质损失

B.材料供应中断造成的停工损失

C.丧失销售机会的损失

D.产成品库存缺货造成的拖欠发货损失

【答案】A

【解析】B选项错误，属于缺货成本。C选项错误，属于缺货成本。D选项错误，属于缺货成本。

5.某施工企业生产所需的甲材料年度采购总量为3000吨，材料单价为6000元/吨，一次订货的固定成本和变动成本分别为3000元和1500元，每吨材料的年平均储存成本为100元，则甲材料的经济采购周转次数为（　　）次。

A.8　　　　B.10

C.7　　　　D.6

【答案】B

【解析】经济采购数量=$\sqrt{\dfrac{2\times 每次订货的变动成本\times 存货年需求量}{单位储存变动成本}}=\sqrt{\dfrac{2\times 1500\times 3000}{100}}=300$（吨），经济采购周转次数为$\dfrac{3000}{300}=10$（次）。

考点40　短期负债管理★★★

1.某施工企业按2/10，$n/30$的条件购入材料40万元，关于该项业务付款的说法中正确的是（　　）。

A.若该企业在第9天付款，需支付39.2万元

B.若银行借款年利率为6%，该企业应放弃现金折扣成本

C.若该企业在第21天付款，需支付39.6万元

D.若该企业在第29天付款，则放弃现金折扣的成本为2%

【答案】A

【解析】放弃现金折扣成本=2%/（1-2%）×360/（30-10）=36.73%。10天内付款折扣则是：40×2%=0.8（万元）。只需支付：40-0.8=39.2（万元）。A选项正确。

2.企业短期筹资时，贷款的实际利率高于名义利率的利息支付方法有（　　）。

A.收款法　　　　　　　　　　　　B.贴现法

C.固定利率法　　　　　　　　　　D.浮动利率法

E.加息法

【答案】BE

【解析】利息支付三种方式：收款法、贴现法、加息法。后两者会导致实际利率高于名义利率。B、E选项正确。

3.某企业按照1/30、n/45的条件购入100万元材料，同期银行贷款的年利率为4.35%。若企业在第40天付款，则企业放弃现金折扣的成本占比是（　　）。

A.24.24%　　　　　　　　　　　　B.4.35%

C.8.08%　　　　　　　　　　　　D.36.36%

【答案】A

【解析】放弃现金折扣成本=$\dfrac{折扣百分比}{1-折扣百分比}\times\dfrac{360}{信用期-折扣期}=\dfrac{1\%}{1-1\%}\times\dfrac{360}{45-30}=24.24\%$。A选项正确。

4.某施工企业按照2/15、n/30的信用条件购入货物100万元，该企业在第28天付款，则其放弃现金折扣的成本占比是（　　）。

A.48.98%　　　　　　　　　　　　B.56.51%

C.26.23%　　　　　　　　　　　　D.8.33%

【答案】A

【解析】放弃现金折扣成本=$\dfrac{\text{折扣百分比}}{1-\text{折扣百分比}}\times\dfrac{360}{\text{信用期}-\text{折扣期}}=\dfrac{2\%}{1-2\%}\times\dfrac{360}{30-15}=48.98\%$。

5.某企业获得的周转信贷额为3000万元，承诺费率为0.5%，企业在借款年度内使用2000万元，则企业该年度向银行支付的承诺费为（　　）万元。

A.10　　　　　　　　　　　　　　B.15

C.5　　　　　　　　　　　　　　　D.25

【答案】C

【解析】周转信贷协定是银行具有法律义务地承诺提供不超过某一最高限额的贷款协定。该协定的有效期通常超过1年。在有效期内，只要企业的借款总额未超过最高限额，银行必须满足企业任何时候提出的借款要求。企业享用周转信贷协定，通常要就贷款限额的未使用部分付给银行一笔承诺费。故企业该年度向银行支付的承诺费为：（3000-2000）×0.5%=5（万元）。C选项正确。

专题三 工程计价

导图框架

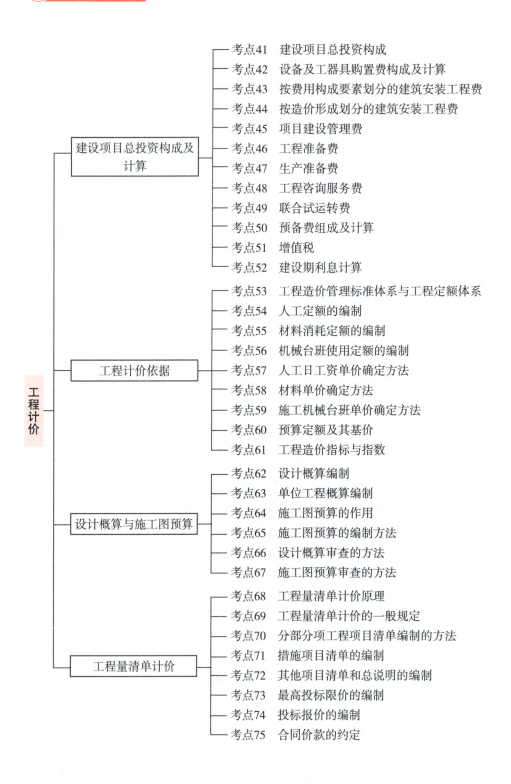

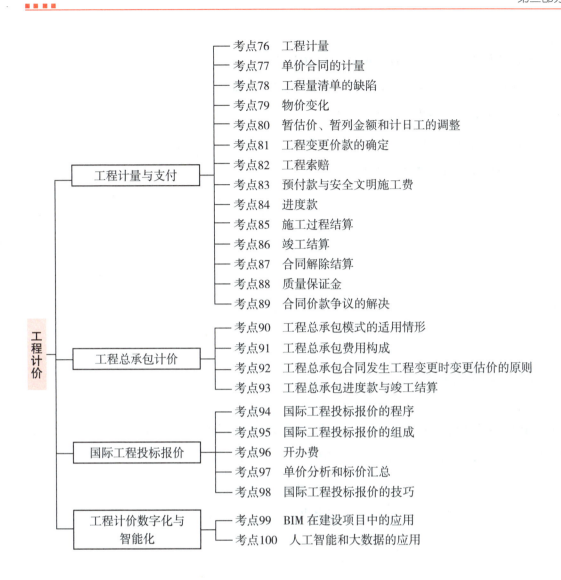

专题雷达图

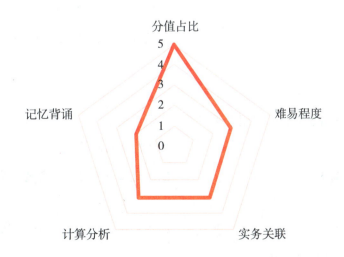

> **分值占比**：本专题在经济考试中分值占比较高，56～60分。
> **难易程度**：本专题考点较多，相互之间有一定关联性，学习难度适中。
> **实务关联**：本专题与实务考试相关联的考点较多。
> **计算分析**：本专题有一定数量的计算题目，需多加记忆，多做练习。
> **记忆背诵**：本专题中的部分内容需理解记忆。

考点练习

考点41 建设项目总投资构成 ★★

1.某建设项目设备及工器具购置费1000万元，建安费2500万元，工程建设其他费700万元，基本预备费210万元，价差310万元，建设期利息320万元，静态投资为（　　）万元。

A.4410　　　　　　　　　　　　　B.4200
C.4720　　　　　　　　　　　　　D.5040

【答案】A

【解析】固定资产投资可以分为静态投资部分和动态投资部分。静态投资部分由建筑安装工程费、设备及工器具购置费、工程建设其他费和基本预备费构成。所以静态投资=1000+2500+700+210=4410（万元），A选项正确。

2.固定资产投资包括（　　）。

A.流动资金　　　　　　　　　　　B.建设投资、建设期贷款利息
C.建设投资、流动资金　　　　　　D.建设投资、铺底流动资金

【答案】B

【解析】固定资产投资包括建设投资和建设期贷款利息。B选项正确。

3.下列组成建设工程项目总概算的费用中属于工程费用的是（　　）。

A.勘察设计费用　　　　　　　　　B.建设期利息
C.办公和生活家具购置费　　　　　D.建设工程项目的设备购置费

【答案】D

【解析】工程费用包括设备及工器具购置费、建筑安装工程费。A、C选项错误，属于工程建设其他费；B选项错误，属于资金筹措费；D选项正确。

4.下列建设项目总投资费用项目组成中,属于固定资产投资的有(   )。

A.建设投资+建设期利息

B.建设投资+流动资金

C.静态投资+动态投资

D.工程费用+工程建设其他费+预备费

E.工程费用+工程建设其他费+预备费+建设期利息

【答案】ACE

【解析】固定资产投资=建设投资+建设期利息=静态投资+动态投资=工程费用+工程建设其他费+预备费+建设期利息。

5.某投资项目,建筑安装工程费5080万元,设备及工器具购置费4010万元,工程建设其他费3030万元,基本预备费600万元,价差预备费750万元,建设期利息458万元(以上数据均为含税价)。该项目的静态投资金额(含税)为(   )万元。

A.12120   B.13470   C.12720   D.13928

【答案】C

【解析】静态投资=建筑安装工程费+设备及工器具购置费+工程建设其他费+基本预备费=5080+4010+3030+600=12720(万元)。

考点42　设备及工器具购置费构成及计算★★★

1.关于国产设备原价的说法中正确的有(   )。

A.非标准国产设备原价中应包含运杂费

B.国产标准设备的原价一般是指出厂价

C.由成套设备公司供应的国产标准设备,原价为订货合同价

D.国产标准设备在计算原价时,一般按带有备件的出厂价计算

E.非标准国产设备原价的计算方法应简便,并使估算价格接近实际出厂价

【答案】BCDE

【解析】标准设备原价是指交货价(出厂价、合同价)等,若带有备件,原价是指带有备件的出厂价。非标准设备原价估算获得,应尽量使价格接近实际出厂价。A选项错误,非标准国产设备原价中不包含运杂费,运杂费单列。B、C、D、E选项正确。

2.按人民币计算,某进口设备离岸价5200万元,到岸价5500万元,银行财务26万元,外贸手续费82.5万元,进口关税500万元,增值税为780万元,不考虑消费税,国内设备运杂费100万元,则该设备的购置费为(   )万元。

A.6988.5   B.6688.5   C.6880   D.6888.5

【答案】A

【解析】进口设备抵岸价=到岸价（货价+国外运费+国外运输保险费）+银行财务费+外贸手续费+进口关税+增值税；设备购置费=5500+26+82.5+780+500+100=6988.5（万元）。A选项正确。

3.估算设备及工器具购置费时，国产标准设备运杂费的构成包括（　　）。

A.交货地点至工地仓库的运费和装卸费

B.成套公司服务费

C.供销部门手续费

D.采购与仓库保管费

E.国外运输保险费

【答案】ABCD

【解析】国产标准设备运杂费包括：包装和包装材料费、运输费、装卸费、采购及仓储保管费、供销部门手续费、成套公司服务费。A、B、C、D选项正确；E选项错误，属于进口设备购置费。

4.采用装运港船上交货价的进口设备，估算其购置费时，货价按照（　　）计算。

A.离岸价　　　　B.出厂价　　　　C.到岸价　　　　D.抵岸价

【答案】A

【解析】采用装运港船上交货价的进口设备，估算其购置费时，货价按照离岸价计算。

5.某企业拟进口一套机电设备，折合成人民币的离岸价、国外运费和国外运输保险费分别为1500万元、75万元和3.16万元，银行财务费6万元，外贸手续费22.9万元，关税税率8%，增值税税率13%，国内运杂费费率3%，该套进口设备购置费（含增值税）为（　　）万元。

A.1953.729　　　　　　　　　　B.2002.231

C.2020.094　　　　　　　　　　D.1999.886

【答案】D

【解析】进口设备购置费=（6+22.9）+（1500+75+3.16）×（1+8%）×（1+13%）+1500×3%=1999.886（万元）。

考点43　按费用构成要素划分的建筑安装工程费★★

1.因执行国家或社会义务，按计时工资标准支付给从事建筑安装施工生产工人的工资，属于建筑安装工程人工费中的（　　）。

A.奖金　　　　　　　　　　B.特殊情况下支付的工资

C.津贴补贴　　　　　　　　D.加班加点工资

【答案】B

【解析】特殊情况下支付的工资是指根据国家法律、法规和政策规定，因病、工伤、产假、计划生育假、婚丧假、事假、探亲假、定期休假、停工学习、执行国家或社会义务等原因按计时工资标准或计时工资标准的一定比例支付的工资，B选项正确。

2.施工企业采购的某建筑材料出厂价为3500元/吨，运费为400元/吨，运输损耗率为2%，采购保管费费率为5%，则计入建筑安装工程材料费的该建筑材料单价为（　　）元/吨。

A.4176.9　　　　　　　　　　　　B.4173.0

C.3748.5　　　　　　　　　　　　D.3745.0

【答案】A

【解析】材料单价=（原价+运费）×（1+损耗率）×（1+采购保管费费率）=（3500+400）×（1+2%）×（1+5%）=4176.9（元/吨）。

3.将塔式起重机自停放地点运至施工现场的运输、拆卸、安装的费用属于（　　）。

A.施工机械使用费　　　　　　　　B.二次搬运费

C.固定资产使用费　　　　　　　　D.大型机械进出场及安拆费

【答案】D

【解析】大型机械设备进出场及安拆费是指机械整体或分体自停放场地运至施工现场或由一个施工地点运至另一个施工地点，所发生的机械进出场运输及转移费用及机械在施工现场进行安装、拆卸所需的人工费、材料费、机械费、试运转费和安装所需的辅助设施的费用。D选项正确。

4.下列费用中属于施工企业管理费的有（　　）。

A.施工人员工资性津贴　　　　　　B.职工集体福利费

C.施工现场场地清理费　　　　　　D.劳动保护费

E.工程点交费

【答案】BD

【解析】企业管理费是指建筑安装企业组织施工生产和经营管理所需的费用。内容包括：①管理人员工资；②办公费；③差旅交通费；④固定资产使用费；⑤工具用具使用费；⑥劳动保险和职工福利费；⑦劳动保护费；⑧检验试验费；⑨工会经费；⑩职工教育经费；⑪财产保险费；⑫财务费；⑬税金；⑭城市维护建设税；⑮教育费附加；⑯地方教育附加；⑰其他。B、D选项正确。

5.根据《建设工程工程量清单计价规范》，施工企业为建筑安装施工人员支付的失业保险费属于建筑安装工程费中的（　　）。

A.规费　　　　　　　　　　　　　B.人工费

C.措施费　　　　　　　　　　　　D.企业管理费

【答案】A

【解析】规费包括：①社会保险费：养老保险费、失业保险费、医疗保险费、生育保险费、工伤保险费。②住房公积金。A选项正确。

考点44　按造价形成划分的建筑安装工程费 ★★★

1.下列措施项目费中，属于安全文明施工费的有（　　）。

A.冬雨季施工增加的费用

B.施工现场对已完工程采取必要保护措施的各项费用

C.施工现场为达到环保部门要求所需的各项费用

D.施工企业现场必须搭设的临时建筑物的费用

E.建筑工人实名制管理所需的各项费用

【答案】CDE

【解析】安全文明施工费：①环境保护费；②文明施工费；③安全施工费；④临时设施费；⑤建筑工人实名制管理费。

2.根据《建设工程工程量清单计价规范》，总承包为配合协调业主进行专业工程分包所需的费用在投标报价时应计入（　　）。

A.总承包服务费　　　　　　　　　B.企业管理费

C.措施项目费　　　　　　　　　　D.暂列金额

【答案】A

【解析】总承包为配合协调业主进行专业工程分包所需的费用，在投标报价时应计入总承包服务费。A选项正确。

3.按照造价形成划分的建筑安装工程费用中，暂列金额主要用于（　　）。

A.施工中可能发生的工程变更的费用

B.总承包人为配合发包人进行专业工程发包产生的服务费

C.施工合同签订时尚未确定的工程设备采购的费用

D.工程施工中合同约定调整因素出现时工程价款调整的费用

E.在高海拔特殊地区施工增加的费用

【答案】ACD

【解析】暂列金额是指发包人在工程量清单中暂定并包括在工程合同价款中的一笔款项。它用于：①施工合同签订时尚未确定或者不可预见的所需材料、工程设备、服务的采购；②施工中可能发生的工程变更、合同约定调整因素出现时的工程价款调整；③发生的索赔、现场签证确认等的费用。A、C、D选项正确。

4.根据《建设工程工程量清单计价规范》编制某办公楼的最高投标限价，相关数据为：建筑分部分项工程费为2400万元（不含增值税进项税额），安装分部分项工程费为1200万元（不含增值税进项税额），装饰装修分部分项工程费为900万元（不含增值税进项税额），其中定额人工费占分部分项工程费的15%，措施项目费以分部分项工程费为计费基础，其中安全文明施工费率为4%，其他措施项目费费率合计1%，其他项目费合计900万元（不含增值税进项税额），规费费率为14%，增值税税率为9%，则该项目的最高投标限价合计（　　）万元。

A.6234.255　　　　B.4725　　　　C.5625　　　　D.5719.5

【答案】A

【解析】规费包括社会保险费和住房公积金。社会保险费和住房公积金应以定额人工费为计算基础，根据工程所在地省、自治区、直辖市或行业建设主管部门规定费率计算。

分部分项工程费=2400+1200+900=4500（万元）；

定额人工费=4500×15%=675（万元）；

安全文明施工费=4500×4%=180（万元），其他措施项目费=4500×1%=45（万元）；

规费=675×14%=94.5（万元）；

增值税=（4500+180+45+900+94.5）×9%=514.755（万元）；

合计：4500+180+45+900+94.5+514.755=6234.255（万元）。A选项正确。

5.塔式起重机自停放地点运至施工现场的运输、拆卸、安装的费用属于建筑安装工程费中的（　　）。

A.措施项目费　　　　　　　　　　B.施工机具使用费

C.分部分项工程费　　　　　　　　D.其他项目费

【答案】A

【解析】大型机械设备的进出场及安拆费属于措施项目费。塔式起重机属于大型机械设备。

考点45　项目建设管理费 ★★★

1.下列有关建设项目费用开支中应列入项目建设管理费的有（　　）。

A.监理费　　　　　　　　　　　　B.竣工验收费

C.可行性研究费　　　　　　　　　D.节能评估费

E.劳动保护费

【答案】BE

【解析】项目建设管理费是指项目建设单位从项目筹建之日起至办理竣工财务决算之日止发生的管理性质的支出，包括工作人员薪酬及相关费用、办公费、办公场地租用费、差旅交通费、劳动保护费、工具用具使用费、固定资产使用费、招募生产工人费、技术图书资料费（含软件）、业务招待费、竣工验收费和其他管理性质开支。B、E选项正确。

2.项目建设管理费以建设投资中的（　　）为基数乘以项目建设管理费费率计算。

A.建筑安装工程费　　　　　　　　B.工程准备费

C.生产准备费　　　　　　　　　　D.工程费用

【答案】D

【解析】项目建设管理费以建设投资中的工程费用为基数乘以项目建设管理费费率计算。

3.建设单位委托咨询机构行使全部管理职能，则其费用应该列入（　　）。

A.项目建设管理费
B.工程咨询服务费
C.生产准备费
D.专项评价费

【答案】A

【解析】建设单位委托咨询机构行使全部管理职能，则其费用应该列入项目建设管理费。建设单位委托咨询机构行使部分管理职能，则其费用应该列入工程咨询服务费。

4.下列关于项目建设管理费的说法中正确的是（　　）。

A.是指建设单位从项目筹建之日起至通过竣工验收之日止发生的管理性支出
B.按照工程费用和用地与工程准备费之和乘以项目建设管理费费率计算
C.代建管理费和项目建设管理费之和不得高于项目建设管理费限额
D.不得用于委托咨询机构进行施工项目管理发生的施工项目管理费支出

【答案】C

【解析】项目建设管理费是指项目建设单位从项目筹建之日起至办理竣工财务决算之日止发生的管理性质的支出。A选项错误。项目建设管理费按照工程费用之和（包括设备及工器具购置费和建筑安装工程费用）乘以项目建设管理费费率计算。B选项错误。建设单位委托咨询机构进行施工项目管理服务发生施工项目管理费。施工项目管理费从项目建设管理费中列支。D选项错误。

考点46　工程准备费 ★★★

1.关于建设项目场地准备和建设单位临时设施费的计算，下列说法正确的是（　　）。

A.改扩建项目一般应计工程费用和拆除清理费
B.凡可回收材料的拆除工程应采用以料抵工方式冲抵拆除清理费
C.新建项目应根据实际工程量计算，不按工程费用的比例计算
D.新建项目应按工程费用比例计算，不根据实际工程量计算

【答案】B

【解析】A选项错误，改扩建项目一般只计拆除清理费。C、D选项错误，新建项目的场地准备和临时设施费应根据实际工程量估算，或按工程费用的比例计算。

2.下列属于工程准备费的是（　　）。

A.大型土石方工程费
B.施工单位临时设施费
C.场地准备费
D.施工总图费

【答案】C

【解析】工程准备费包括场地准备费和建设单位临时设施费。

考点47　生产准备费★★★

1.关于生产准备费，下列说法中正确的是（　　）。
A.只包括自行组织培训的相关费用
B.包括保证初期正常生产所必需的生产办公、生活家具用具的购置费用
C.包括工器具及生产家具购置费
D.可按设计定员乘以人均生产准备费指标计算

【答案】B

【解析】A选项错误，自行和委托都行；C选项错误，包括为保证初期正常生产（或营业、使用）所必需的生产办公、生活家具用具购置费；D选项错误，没有明确是新建还是改扩建项目。

2.提前进厂参与工艺设备、电气、仪表安装调试等生产准备工作而发生的人工费应从（　　）中支付。
A.建筑安装工程费
B.设备及工器具购置费
C.建设单位管理费
D.生产准备费

【答案】D

【解析】生产准备费包括生产人员提前进厂费，是指生产单位人员为熟悉工艺流程、设备性能、生产管理等，提前进厂参与工艺设备、电气、仪表安装调试等生产准备工作而发生的人工费等费用。

3.下列费用中属于生产准备费的是（　　）。
A.人员培训费
B.竣工验收费
C.联合试运转费
D.完工清理费

【答案】A

【解析】生产准备费是指在建设期内，建设单位为保证项目正常生产所做的提前准备工作发生的费用，包括人员培训、提前进厂费，以及投产使用必备的办公、生活家具用具及工器具等的购置费用。

考点48　工程咨询服务费★★★

1.下列费用中属于工程咨询服务费的有（　　）。
A.勘察费
B.监理费
C.招标代理费
D.专项评价费
E.联合试运转费

【答案】ABC

【解析】工程咨询服务费是指在项目建设全部过程中委托第三方提供项目策划、技术咨询、勘察设计、

项目管理和跟踪验收评估等技术服务发生的费用,包括勘察费、设计费、监理费、研究试验费、特殊设备安全监督检验费、招标代理费、设计评审费、信息管理系统开发及使用费、工程造价咨询费、造价信息和数据使用费及其他咨询费。

2.下列费用中属于工程建设其他费用中研究试验费的有（   ）。

A.对进场材料、构件进行一般性鉴定检查的费用

B.设计规定在项目建设过程中必须进行试验、验证所需费用

C.由科技三项费用开支的试验费

D.特殊设备安全监督检验费

E.为建设项目验证设计参数进行必要的研究试验费用

【答案】BE

【解析】A选项错误,是检验试验费;C选项错误,不属于研究试验费;D选项错误,与研究试验费并列属于工程咨询服务费。

3.为建设项目提供和验证设计参数,以及按设计规定在施工中必须进行试验所需的费用属于（   ）。

A.专项评价费　　　　　　　　　　B.勘察设计费

C.研究试验费　　　　　　　　　　D.设备检验费

【答案】C

【解析】研究试验费是指为建设项目提供和验证设计参数、数据、资料等进行的必要的研究和试验,以及设计规定在施工中必须进行的试验、验证所需要的费用,包括自行或委托其他部门的专题研究、试验所需人工费、材料费、试验设备及仪器使用费等。

考点49　联合试运转费★★

1.联合试运转费应包括（   ）。

A.施工单位参加联合试运转人员的工资

B.设备安装中的试车费用

C.试运转中暴露的设备缺陷的处理费

D.生产人员的提前进厂费

【答案】A

【解析】联合试运转费是指新建或新增生产能力的工程项目,在交付生产前按照批准的设计文件规定的工程质量标准和技术要求,对整个生产线或装置进行负荷联合试运转所发生的费用净支出,包括试运转所需材料、燃料及动力消耗、低值易耗品、其他物料消耗费用,机械使用费,联合试运转人员工资,施工单位参加试运转人工费,专家指导费,以及必要的工业炉烘炉费。费用净支出是指试运转支出大于收入的差额部分费用。A选项正确。

2.对于新建项目或新增加生产能力的工程，在计算联合试运转费时需考虑的费用支出项目有（   ）。

A.试运转所需原材料、燃料费　　　　　　B.施工单位参加试运转人员工资

C.专家指导费　　　　　　　　　　　　　D.设备质量缺陷发生的处理费

E.施工缺陷带来的安装工程返工费

【答案】ABC

【解析】联合试运转费是指新建或新增生产能力的工程项目，在交付生产前按照批准的设计文件规定的工程质量标准和技术要求，对整个生产线或装置进行负荷联合试运转所发生的费用净支出，包括试运转所需材料、燃料及动力消耗、低值易耗品、其他物料消耗费用，机械使用费，联合试运转人员工资，施工单位参加试运转人工费，专家指导费，以及必要的工业炉烘炉费。费用净支出是指试运转支出大于收入的差额部分费用。A、B、C选项正确。

3.下列费用中属于工程建设其他费用中联合试运转费的有（   ）。

A.生产单位提前进厂参加设备调试的人员工资

B.生产职工培训费

C.施工单位参加试运转人员的人工费

D.试运转所需低值易耗品费用

E.交付生产前发生的必要工业炉烘炉费

【答案】CDE

【解析】联合试运转费是指新建或新增生产能力的工程项目，在交付生产前按照批准的设计文件规定的工程质量标准和技术要求，对整个生产线或装置进行负荷联合试运转所发生的费用净支出，包括试运转所需材料、燃料及动力消耗、低值易耗品、其他物料消耗费用，机械使用费，联合试运转人员工资，施工单位参加试运转人工费，专家指导费，以及必要的工业炉烘炉费。C、D、E选项正确。

考点50　预备费组成及计算★

1.建设项目总投资组成中的基本预备费可用于（   ）。

A.建设期内材料价格上涨增加的费用

B.设计变更及施工过程中可能增加工程量的费用

C.因施工质量不合格返工增加的费用

D.因业主方拖欠工程款增加的承包方借款利息

【答案】B

【解析】基本预备费是指在项目实施中可能发生难以预料的支出，需要预先预留的费用，又称不可预见费。主要指设计变更及施工过程中可能增加工程量的费用。B选项正确。

2.某建设工程项目的设备及工器具购置费为2500万元，建筑安装工程费为2000万元，工程建设其他费为

1500万元，基本预备费率为10%，则该项目的基本预备费为（　　）万元。

A.600　　　　　　　B.200　　　　　　　C.400　　　　　　　D.450

【答案】A

【解析】该项目的基本预备费=（设备及工器具购置费+建筑安装工程费+工程建设其他费）×基本预备费率=（2500+2000+1500）×10%=600（万元）。A选项正确。

3.某项目建筑安装工程费、设备及工器具购置费合计7000万元，建设期2年分别投入4000万元和3000万元，建设期内预计年平均价格总水平上浮率为5%，建设期贷款利息为735万元，工程建设其他费用为400万元。基本预备费率为10%，流动资金为800万元，则该项目的静态投资为（　　）万元。

A.8948.5　　　　　　　　　　　　　　　B.8140

C.8940　　　　　　　　　　　　　　　　D.9748.5

【答案】B

【解析】静态投资=（7000+400）×（1+10%）=8140（万元）。

4.某建设项目实施到第2年时，由于规范变化导致某分项目工程量增加，因此增加的费用应从建设投资中的（　　）支出。

A.基本预备费　　　　　　　　　　　　　B.涨价预备费

C.建设期利息　　　　　　　　　　　　　D.工程建设其他费用

【答案】A

【解析】基本预备费是指在项目实施中可能发生难以预料的支出，需要预先预留的费用，又称不可预见费。规范变化属于难以预料的情形。

考点51　增值税★★

1.当采用简易计税方法计算建筑业增值税应纳税额时，增值税征收率为（　　）。

A.6%　　　　　　　B.9%　　　　　　　C.3%　　　　　　　D.13%

【答案】C

【解析】对于小规模征收率为3%，一般纳税人是9%。C选项正确。

2.计算一般纳税人增值税应纳税时，不得从销项税额中抵扣的进项税额有（　　）。

A.从海关取得的海关进口增值税专用款书上注明的增值税额

B.非正常损失的购进材料的发票上标明的增值税额

C.非正常损失的在产品耗用的购进材料的进项税额

D.用于集体福利购进货物的专用发票上标明的进项税额

E.从销售方取得的增值税专用发票上标明的增值税额

【答案】BCD

【解析】可以抵扣的进项税的项目和不可以抵扣的进项税的项目如下表所示，B、C、D选项正确。

可以抵扣的进项税	不可以抵扣的进项税
①增值税专用发票。 ②海关进口增值税专用缴款书。 ③农产品收购或销售发票。 ④境外购得劳务服务无形资产和境内买不动产：代扣代缴。 ⑤完税凭证	①简易计税项目、免征增值税项目、集体福利或个人消费。 ②非正常损失的购进货物，相关劳务交通运输服务。 ③非正常损失的在产品、产成品所耗用的购进货物，相关劳务和交通运输。 ④国务院规定的其他项目

3.当采用一般计税方法计算计入建筑安装工程造价的增值税销项税额时，增值税的税率为（　　）。

A.3%　　　　　　　B.6%　　　　　　　C.9%　　　　　　　D.11%

【答案】C

【解析】一般计税方法，增值税的税率为9%。C选项正确。

4.某建设工程项目的造价中人工费为3000万元，材料费为6000万元，施工机具使用费为1000万元，企业管理费为400万元，利润为800万元，规费为300万元，各项费用均不包含增值税可抵扣进项税额，增值税税率为9%。则增值税销项税额为（　　）万元。

A.900　　　　　　B.1035　　　　　　C.936　　　　　　D.1008

【答案】B

【解析】税前造价为人工费、材料费、施工机具使用费、企业管理费、利润和规费之和。一般计税方法中，增值税销项税额=税前造价×9%。则该项目增值税销项税额=（3000+6000+1000+400+800+300）×9%=1035（万元）。

考点52　建设期利息计算 ★★

1.某项目建设期为2年，共向银行借款20000万元，借款年有效利率为6%。第1和第2年借款比例分别为45%和55%。借款在各年内均衡，建设期内只计息不付息。则编制设计概算时该项目建设期利息总和为（　　）万元。

A.1156.2　　　　　　　　　　　　B.600

C.886.2　　　　　　　　　　　　D.1772.4

【答案】A

【解析】建设期借款利息计算方法：①当年利息：$\left(\text{年初借款本利和}+\dfrac{\text{当年借款}}{2}\right)\times\text{年利率}$。

②累积利息：各年利息累加。

第一年建设期利息：20000×45%×1/2×6%=270（万元）。

第二年建设期利息：（20000×45%+270+20000×55%×1/2）×6%=886.2（万元）。

建设期利息总和为：270+886.2=1156.2（万元）。A选项正确。

2.某新建项目,建设期为3年,共向银行借款1300万元,其中第一年借款700万元,第二年借款600万元,借款在各年内均衡使用,年化率为6%,建设期每年计息,但不还本付息,则第3年应计的借款利息为( )万元。

A.0   B.82.94

C.85.35   D.104.52

【答案】B

【解析】第一年利息:700/2×6%=21(万元)。第二年利息:(700+21+600/2)×6%=61.26(万元)。第三年利息:(700+21+600+61.26)×6%=82.94(万元)。B选项正确。

3.某建设项目,建设期两年,共向银行借款2000万元,第一年、第二年皆为1000万元,借款在各年内均衡使用,按年复利计息,年有效利率为5%,建设期只计息不付息,则建设期利息总和为( )万元。

A.76.25   B.126.25

C.200   D.101.25

【答案】D

【解析】第一年:1000/2×5%=25(万元)。第二年:(1000+25+1000/2)×5%=76.25(万元)。合计25+76.25=101.25(万元),D选项正确。

考点53　工程造价管理标准体系与工程定额体系★★

1.下列定额中,属于施工企业内部使用,以工序为对象编制定额的是( )。

A.费用定额   B.概算定额

C.概算指标   D.施工定额

【答案】D

【解析】施工定额是以同一性质的施工过程——工序作为研究对象,表示生产产品数量与时间消耗综合关系的定额,是施工企业(建筑安装企业)为组织生产和加强管理在企业内部使用的一种定额。D选项正确。

2.预算定额是以特定范围的工程为对象编制的定额。这一特定范围的工程是指( )。

A.单项工程   B.分项工程

C.扩大分项工程   D.建设项目

【答案】B

【解析】预算定额是以分项工程和结构构件为对象编制的。B选项正确。

3.《建设工程造价咨询规范》属于工程造价管理标准体系中的( )。

A.基础标准   B.管理规范   C.操作规程   D.信息标准

【答案】B

【解析】《建设工程造价咨询规范》属于工程造价管理标准体系中的管理规范。

4.施工企业可以直接用来编制施工作业计划、签发施工任务单的定额是（　　）。

A.预算定额　　　　B.概算定额　　　　C.费用定额　　　　D.施工定额

【答案】D

【解析】只有施工定额是生产性定额，其余均为计价性定额。题干中的属于生产性定额。

考点54　人工定额的编制★★★

1.编制人工定额时需要拟定施工的正常条件，包括拟定（　　）。

A.施工作业内容　　　　　　　　　B.施工企业技术水平

C.施工作业方法　　　　　　　　　D.施工作业地点组织

E.施工作业人员组织

【答案】ACDE

【解析】正常施工条件有四个：作业内容、作业方法、地点组织、人员组织。A、C、D、E选项正确。

2.施工企业编制人工定额时，应区分工人工作的必需消耗时间和损失时间。下列工人工作时间中，属于必需消耗时间的是（　　）。

A.工人偶然违背劳动纪律造成的损失时间

B.材料供应不及时造成的停工时间

C.劳动组织不合理引起的停工时间

D.工人手工操作的辅助工作时间

【答案】D

【解析】偶然工作时间以及停工时间都属于损失时间，A、B、C选项错误。D选项属于必需消耗时间，D选项正确。

3.编制人工定额时，工人定额工作时间中应予以合理考虑的情况是（　　）。

A.水源或电源终断引起的停工时间

B.工程技术人员和工人差错引起的工时损失

C.劳动组织不合理导致工作中断所占用的时间

D.材料供应不及时引起的停工时间

【答案】A

【解析】工人定额工作时间中应予以合理考虑的是非施工本身造成的停工时间，例如水源、电源中断引起的停工时间和偶然工作时间。A选项正确。

4.对于同类型产品规格多、工序复杂、工作量小的施工过程，若已有部分产品施工的人工定额，则其他同类型产品施工人工定额的制定适宜采用的方法是（　　）。

A.技术测定法　　　　　　　　　　B.比较类推法

C.统计分析法　　　　　　　　　　D.经验估计法

【答案】B

【解析】比较类推法适用于同类型产品规格多、工序重复、工作量小的施工过程。

5.下列人工定额制定方法中，属于技术测定法的是（　　）。

A.统计分析法　　　　　　　　　　B.写实记录法

C.比较类推法　　　　　　　　　　D.经验估计法

【答案】B

【解析】技术测定法的主要特点是通过实地观察、记录和分析施工中的各项工作，来制定人工定额。写实记录法是其中的一种方法，它通过详细记录工人完成一个合格产品所需的时间、消耗的材料和所需的技能等数据，来计算出工人的劳动效率，从而制定出人工定额。其他选项中，统计分析法是通过分析历史数据来制定人工定额，比较类推法是通过比较类似项目的定额来制定人工定额，经验估计法则是通过经验估算来制定人工定额。因此，B选项正确。

6.编制人工定额时，基本工作结束后整理劳动工具时间应计入（　　）。

A.休息时间　　　　　　　　　　　B.不可避免的中断时间

C.有效工作时间　　　　　　　　　D.损失时间

【答案】C

【解析】基本工作结束后的整理工作时间属于准备与结束工作时间，是有效工作时间。

考点55　材料消耗定额的编制★

1.某现浇混凝土结构施工采用木模板，一次净用量为200m³，现场制作安装不可避免的损耗率为2%，可周转使用5次，每次补损耗率为5%，该模板周转使用量为（　　）m³。

A.48.00　　　　　B.48.96　　　　　C.49.44　　　　　D.51.00

【答案】B

【解析】周转使用量=一次使用量×[1+（周转次数-1）×补损率]/周转次数=200×（1+2%）×[1+（5-1）×5%]÷5=48.96（m³）。B选项正确。

2.关于周转性材料消耗及其定额的说法，正确的是（　　）。

A.定额中周转材料消耗量应采用一次使用量和摊销量两个指标表示

B.周转性材料消耗量只与周转性材料一次使用量和周转次数相关

C.施工企业成本核算或投标报价应采用周转性材料的一次使用量指标

D.周转性材料的周转使用次数越多，则每周转使用一次材料的损耗越大

【答案】A

【解析】A选项正确，定额中周转材料消耗量指标，应当用一次使用量和摊销量两个指标表示。一次使

用量供施工企业组织施工用；摊销量供施工企业成本核算或投标报价使用。B选项错误，周转性材料消耗量与周转性材料一次使用量、周转次数、周转损耗率和周转材料的最终回收及其回收折价有关。C选项错误，施工企业成本核算或投标报价应采用摊销量指标。D选项错误，周转性材料的周转使用次数与损耗量无关，每次的损耗量都是固定的。

3.施工企业成本核算或投标报价时，周转性材料消耗量指标应根据（　　）确定。

A.第二次使用时需要的补充量　　　　　　B.摊销量

C.最终回收量　　　　　　　　　　　　　D.一次使用量

【答案】B

【解析】定额中周转材料消耗量指标的表示，应当用一次使用量和摊销量两个指标表示。一次使用量是指周转材料在不重复使用时的一次使用量，供施工企业组织施工用；摊销量是指周转材料退出使用，应分摊到每一计量单位的结构构件的周转材料消耗量，供施工企业成本核算或投标报价使用。

4.某混凝土结构施工采用木模板。木模板一次净用量为200 m^3，模板现场制作安装不可避免的损耗率为3%，模板可周转使用5次，每次补损率为5%，该模板周转使用量为（　　）m^3。

A.41.20　　　　　　　　　　　　　　　B.43.20

C.51.50　　　　　　　　　　　　　　　D.49.44

【答案】D

【解析】该模板周转使用量=200×（1+3%）× $\dfrac{1+(5-1)\times 5\%}{5}$ =49.44（m^3）。

考点56　机械台班使用定额的编制★★★

1.机械台班使用定额的编制内容包括（　　）。

A.拟定施工作业的正常施工条件　　　　　B.确定机械纯工作1h的正常生产率

C.拟定机械的停工时间　　　　　　　　　D.确定机械的利用系数

E.计算机械台班定额

【答案】BDE

【解析】施工机械台班使用定额的编制内容及步骤如下：①确定机械净工作生产率；②确定机械的利用系数；③计算机械台班定额。B、D、E选项正确。

2.下列施工机械工作时间中属于必需消耗时间的是（　　）。

A.低负荷下工作时间　　　　　　　　　　B.多余工作和停工的时间

C.不可避免的无负荷工作时间　　　　　　D.施工本身造成的停工时间

【答案】C

【解析】A、B、D选项错误，属于损失时间；C选项属于必需消耗时间。C选项正确。

3.在编制机械台班使用定额时，工程项目施工过程中由于未及时供给机械燃料引起停工而耗费的时间属于（　　）。

A.机械的多余工作时间

B.机械的停工时间

C.违反劳动纪律引起的机械的时间损失

D.低负荷下的工作时间

【答案】B

【解析】工程项目施工过程中由于未及时供给机械燃料引起停工而耗费的时间属于机械的停工时间。B选项正确。

4.筑路机在工作区末端掉头所消耗的时间中属于施工机械工作时间中的（　　）。

A.有效工作时间　　　　　　　　　　B.多余工作时间

C.低负荷下的工作时间　　　　　　　D.不可避免的无负荷工作时间

【答案】D

【解析】筑路机在工作区末端掉头所消耗的时间，属于施工机械工作时间中的不可避免的无负荷工作时间。D选项正确。

考点57　人工日工资单价确定方法★★

1.工程造价管理机构在确定计价定额人工费时，采用的人工日工资单价应按照（　　）确定。

A.施工企业平均技术熟练程度的生产工人在每工作日按规定从事施工作业的日工资总额

B.本地区领先的施工企业平均技术熟练程度工人的每工作日应得的日工资总额

C.施工企业最熟练的技术工人每工作日按规定从事施工作业应得的日工资总额

D.本领域大多数施工企业一般熟练技术程度工人每工作日实际得到的工资总额

【答案】A

【解析】人工日工资单价是指施工企业平均技术熟练程度的生产工人在每工作日（国家法定工作时间内）按规定从事施工作业应得的日工资总额，简称人工单价或人工工日单价。合理确定人工日工资单价是正确计算人工费的前提，有利于合理确定和有效控制工程造价。

2.下列费用项目中应计入人工日工资单价的有（　　）。

A.计件工资　　　　　　　　　　　　B.劳动竞赛奖金

C.劳动保护费　　　　　　　　　　　D.流动施工津贴

E.加班加点工资

【答案】ABD

【解析】C选项错误，属于企业管理费。E选项错误，人工日工资单价包括计时（计件）工资、奖金、津贴补贴、特殊情况支付的工资，不包括加班加点的工资。

3.关于建筑安装工程人工费中日工资单价的说法，正确的是（　　）。

A.人工日工资单价是施工企业技术最熟练的生产工人在每工作日应得的工资总额

B.工程计价定额一般只列一个综合工日单价

C.工程计价定额中应根据项目技术要求和工种差别划分多种日工资单价

D.确定日工资单价应根据企业发展水平，参考实物工程量人工单价综合分析确定

【答案】C

【解析】人工日工资单价是指施工企业平均技术熟练程度的生产工人在每工作日（国家法定工作时间内）按规定从事施工作业应得的日工资总额，简称人工单价或人工工日单价，A选项错误。工程计价定额不可只列一个综合工日单价，应根据工程项目技术要求和工种差别适当划分多种人工日工资单价，确保各分部工程人工费的合理构成，故B选项错误，C选项正确。确定日工资单价应根据工程项目的技术要求，通过市场调查，参考实物工程量人工单价综合分析确定，最低日工资单价不得低于工程所在地人力资源和社会保障部门所发布的最低工资标准，故D选项错误。

考点58　材料单价确定方法★★

1.采用"一票制""二票制"支付方式采购材料的，在进行增值税进项税额抵扣时，正确的做法是（　　）。

A."一票制"下，构成材料价格的所有费用均按货物销售适用的税率进行抵扣

B."一票制"下，运杂费不再进行抵扣

C."两票制"下，运杂费以接受交通运输与服务适用税率9%扣减增值税进项税额

D."两票制"下，运杂费、运输损耗和采购保管费按交通运输使用税率进行抵扣

【答案】C

【解析】若运输费用为含税价格，则需要按"两票制"和"一票制"两种支付方式分别调整。"两票制"支付方式，是指材料供应商就收取的货物销售价款和运杂费向建筑业企业分别提供货物销售和交通运输两张发票的材料。在这种方式下，运杂费以接受交通运输与服务适用税率9%扣减增值税进项税额。"一票制"支付方式，是指材料供应商就收取的货物销售价款和运杂费合计金额向建筑业企业仅提供一张货物销售发票的材料。在这种方式下，运杂费采用与材料原价相同的方式扣减增值税进项税额。C选项正确。

2.某种材料含税（适用增值税税率13%）出厂价为500元/吨，含税（适用增值税税率9%）运杂费为30元/吨，运输损耗率为1%，采购保管费费率为3%。该材料的预算单价（不含税）为（　　）元/吨。

A.480.93　　　　B.488.94　　　　C.551.36　　　　D.632.17

【答案】B

【解析】（500/1.13+30/1.09）×1.01×1.03=488.94（元/吨）。

3.某材料自甲、乙两地采购，甲地采购量为400吨，原价为180元/吨，运杂费为30元/吨；乙地采购量为300吨，原价为200元/吨，运杂费为28元/吨，该材料运输损耗率和采购保管费费率分别为1%和2%，则该材料的单价为（　　）元/吨。

A.223.37　　　　　　　　　　　　B.223.40

C.224.24　　　　　　　　　　　　D.227.30

【答案】D

【解析】本题考查的是材料单价的计算。该材料单价的计算过程如下。

（1）加权平均原价=$\dfrac{400\times180+300\times200}{400+300}$=188.57（元/吨）。

（2）加权平均运杂费=$\dfrac{400\times30+300\times28}{400+300}$=29.14（元/吨）。

（3）甲的运输损耗费=（180+30）×1%=2.1（元/吨）。

乙的运输损耗费=（200+28）×1%=2.28（元/吨）。

（4）加权平均运输损耗费=$\dfrac{400\times2.1+300\times2.28}{400+300}$=2.18（元/吨）。

（5）该材料的单价=（188.57+29.14+2.18）×（1+2%）=227.2878（元/吨）。

考点59　施工机械台班单价确定方法★★★

1.一台设备原值5万元，使用期内大修3次，每维修期运转400台班，设备残值率5%。该设备台班折旧费为（　　）元。

A.29.69　　　　　　　　　　　　B.31.25

C.39.58　　　　　　　　　　　　D.41.67

【答案】A

【解析】台班折旧费=$\dfrac{机械预算价格\times（1-残值率）}{耐用总台班}$=$\dfrac{5\times（1-5\%）}{耐用总台班}$=$\dfrac{5\times（1-5\%）}{1600}$=29.69（元）。

检修周期=检修次数+1=3+1=4；耐用总台班=折旧年限×年工作台班=检修间隔台班×检修周期=400×4=1600（台班）。

2.已知某施工机械寿命期内检修周期为10，一次检修费为10000元，自行检修比例为60%，修理修配劳务适用13%的增值税税率。耐用总台班为5000台班，台班维护费系数为1.2，则台班检修费为（　　）元/台班，维护费为（　　）元/台班。

A.17.17　20.60　　　　　　　　　B.20.35　24.42

C.18.46　22.15　　　　　　　　　D.17.72　21.26

【答案】A

【解析】台班检修费 = $\frac{一次检修费 \times 检修次数}{耐用总台班} \times$ 除税系数 = $\frac{10000 \times (10-1)}{5000} \times 0.954 = 17.17$（元/台班）；

除税系数 = 自行检修比例 + $\frac{委外检修比例}{1+税率}$ = $60\% + \frac{40\%}{1+13\%}$ = 0.954；

台班维护费 = 台班检修费 $\times K$（维护费系数）= $17.17 \times 1.2 = 20.60$（元/台班）。

3.下列费用中，不计入机械台班单价而单独列式计算的有（　　）。

A.安拆简单、移动需要起重及运输机械的轻型施工机械的安拆费及场外运费

B.安拆复杂、移动需要起重及运输机械的重型施工机械的安拆费及场外运费

C.利用辅助设施移动的施工机械的辅助设施相关费用

D.不需相关机械辅助运输的自行移动机械的场外运费

E.固定在车间的施工机械的安拆费及场外运费

【答案】BC

【解析】A选项错误，需计入台班单价。D、E选项错误，不需要计算台班单价。

4.下列与施工机械安拆和场外运费应用中应计入施工机械台班单价的是（　　）。

A.轻型施工机械现场安装发生的试运转费

B.自行移动机械的场外行驶费

C.移动机械所需的辅助设施的折旧费

D.安拆复杂的重型施工机械的安拆费

【答案】A

【解析】计入台班单价的内容包括：①一次安拆费应包括施工现场机械安装和拆卸一次所需的人工费、材料费、机械费、安全监测部门的检测费及试运转费；②一次场外运费应包括运输、装卸、辅助材料、回程等费用；③年平均安拆次数按施工机械的相关技术指标，结合具体情况综合确定；④运输距离均按平均值30km计算。A选项正确。

考点60　预算定额及其基价 ★★

1.确定预算定额人工消耗量指标时，人工幅度差用工包括的内容有（　　）。

A.为加快施工进度而进行夜间施工的用工

B.隐蔽工程验收等工程质量检查影响的操作时间

C.施工过程中工种之间交叉作业造成的不可避免的修复、清理等用工

D.施工现场清扫临时道路用工

E.现场内单位工程之间操作地点转移影响的操作时间

【答案】BCE

【解析】人工幅度差用工，指人工定额中未包括，而在一般正常施工条件下又不可避免的一些零星用

工，其内容如下：①各种专业工种之间的工序搭接及土建工程与安装工程的交叉、配合中不可避免的停歇时间；②施工机械在场内单位工程之间变换位置及在施工过程中移动临时水电线路引起的临时停水、停电所发生的不可避免的间歇时间；③施工过程中水电维修用工；④隐蔽工程验收等工程质量检查影响的操作时间；⑤现场内单位工程之间操作地点转移影响的操作时间；⑥施工过程中工种之间交叉作业造成的不可避免的剔凿、修复、清理等用工。故B、C、E选项正确。

2.按照单位工程量和劳动定额中的时间定额计算出的基本用工数量为15工日，超运距用工量为3工日，辅助用工为2工日，人工幅度差系数为10%，则人工幅度差用工数量为（　　）工日。

A.1.5　　　　　　B.1.7　　　　　　C.1.8　　　　　　D.2

【答案】D

【解析】人工幅度差用工=（基本用工+超运距用工+辅助用工）×人工幅度差系数=（15+3+2）×10%=2（工日）。

3.编制预算定额人工消耗指标时，下列人工消耗量属于辅助用工的是（　　）。

A.施工过程中水电维修用工　　　　B.现场筛沙子增加的用工量

C.现场材料水平搬运工　　　　　　D.砌筑墙体用工

【答案】B

【解析】A选项错误，施工过程中水电维修用工是零星用工。B选项正确，属于辅助用工。C选项错误，现场材料水平搬运工可能属于基本用工，也可能属于超运距用工。D选项错误，砌筑墙体用工是基本用工。

考点61　工程造价指标与指数 ★

1.根据已完成或在建工程的各种造价信息，经过统一格式及标准化处理后的造价数值称为（　　）。

A.工程造价指数　　　　　　　　　B.工程造价规范

C.工程造价指标　　　　　　　　　D.工程造价成果

【答案】C

【解析】根据已完成或在建工程的各种造价信息，经过统一格式及标准化处理后的造价数值称为工程造价指标。C选项正确。

2.按工程范围、类别、用途，工程造价指数可分为（　　）。

A.综合指数　　　　　　　　　　　B.定基指数

C.要素价格指数　　　　　　　　　D.环比指数

E.工程要素价格信息

【答案】AC

【解析】按工程范围、类别、用途，工程造价指数可分为综合指数和要素价格指数。按照基数不同划分为定基指数和环比指数。A、C选项正确。

考点62　设计概算编制 ★★

1.设计概算在建设项目管理中发挥着重要作用，下列说法错误的是（　　）。

A.设计概算是固定资产投资管理的依据

B.设计概算是衡量设计方案技术经济合理性和选择最佳设计方案的依据

C.设计概算是控制项目施工图设计和施工图预算的依据

D.设计概算是项目在施工图设计阶段进行工程总承包招标投标时编制最高投标限价（或标底）和投标报价的参考依据

【答案】D

【解析】设计概算在建设项目管理中发挥着如下重要作用：①设计概算是固定资产投资管理的依据；②设计概算是衡量设计方案技术经济合理性和选择最佳设计方案的依据；③设计概算是控制项目施工图设计和施工图预算的依据；④设计概算是项目在初步设计阶段进行工程总承包招标投标时编制最高投标限价（或标底）和投标报价的参考依据。

2.非经营性建设工程项目总概算的完整组成是（　　）。

A.单项工程综合概算、工程建设其他费用概算、预备费概算、建设期利息概算

B.建设单位工程概算、设备及安装单位工程概算和工程建设其他费用概算

C.建设单位工程概算、设备及安装单位工程概算、工程建设其他费用概算和预备费概算

D.单项工程综合概算、工程建设其他费用概算、预备费概算、建设期利息概算和铺底流动资金概算

【答案】A

【解析】经营性建设工程项目总概算包括单项工程综合概算、工程建设其他费用概算、预备费概算、资金筹措费概算。非经营性建设工程项目总概算包括单项工程综合概算、工程建设其他费用概算、预备费概算、资金筹措费概算和铺底流动资金概算。A选项正确。

考点63　单位工程概算编制 ★★

1.某拟建单位工程初步设计深度不够，不能准确地计算工程量，但工程设计采用的技术比较成熟而又有类似工程概算指标可以利用时，编制该单位工程概算宜采用的方法是（　　）。

A.概算定额法　　　　　　　　　　B.概算指标法

C.预算单价法　　　　　　　　　　D.类似工程预算法

【答案】B

【解析】①概算定额法适用于初步设计达到一定深度，建筑结构明确，工程量准确的工程。②概算指标法适用于深度不够，工程量不准，但技术成熟又有类似工程概算指标可用的工程。③类似工程预算法适用于有相似已完工程（在建工程）造价资料且又无可用概算指标的工程。本题背景描述属于概算指标法。B选

项正确。

2.某拟建砖混结构工程，结构特征与概算指标相比，仅外墙装饰面不同。概算指标中，外墙面为水泥砂浆抹面，单价为8.75元/m²，每平方米建筑面积消耗量为0.62m²，拟建工程外墙为贴釉面砖，单价为41.5元/m²，每平方米建筑面积消耗量为0.84m²，已知概算指标为508元/m²，则该拟建工程修正后的概算指标为（　　）元/m²。

A.467.72　　　　B.537.44　　　　C.502.58　　　　D.542.86

【答案】B

【解析】结构变化修正概算指标（元/m²）=原概算指标+概算指标中换入结构的工程量×换入结构的费用单价-概算指标中换出结构的工程量×换出结构的费用单价=508+41.5×0.84-8.75×0.62=537.44（元/m²），B选项正确。

3.设备安装工程概算的编制方法有（　　）。

A.预算单价法　　　　　　　　B.类似工程预算法

C.概算指标法　　　　　　　　D.扩大单价法

E.单位估价表法

【答案】ACD

【解析】设备安装工程概算的编制方法有：①预算单价法；②扩大单价法；③概算指标法。A、C、D选项正确。

4.下列设备安装工程概算计算公式中，属于采用概算指标法计算设备安装费的有（　　）。

A.设备安装费=设备原价×设备安装费率

B.设备安装费=设备总吨数×每吨设备安装费

C.设备安装费=设备台数×每台设备安装费

D.设备安装费=建筑面积×单位建筑面积安装费

E.设备安装费=设备购置费×设备安装费率

【答案】ABCD

【解析】概算指标法计算方法如下。

（1）按占设备价值的百分比（安装费率）的概算指标计算。设备安装费=设备原价×设备安装费率（A选项正确）。

（2）按每吨设备安装费的概算指标计算。设备安装费=设备总吨数×每吨设备安装费（元/吨）（B选项正确）。

（3）按座、台、套、组、根或功率等为计量单位的概算指标计算。如工业炉，按每台安装费指标计算；冷水箱，按每组安装费指标计算安装费；等等（C选项正确）。

（4）按设备安装工程每平方米建筑面积的概算指标计算。设备安装工程有时可按不同的专业内容（如通风、动力、管道等）采用每平方米建筑面积的安装费用概算指标计算安装费（D选项正确）。

5.下列建设工程项目总概算价值计算公式中正确的是（　　）。

A.总概算价值=工程费用+其他费用+预备费+铺底流动资金-回收金额

B.总概算价值=工程费用+其他费用+预备费+流动资金-回收金额

C.总概算价值=工程费用+其他费用+预备费+建设期利息+铺底流动资金-回收金额

D.总概算价值=工程费用+其他费用+预备费+建设期利息+流动资金

【答案】C

【解析】总概算价值=工程费用+其他费用+预备费+建设期利息+铺底流动资金-回收金额。

6.某建设项目的建筑面积为10000m^2，按类似工程概算指标计算的一般土建工程单位概算造价为1158.84元/m^2（其中人、料、机费用为800元/m^2），项目所在地建筑安装工程企业管理费费率为8%，按人、料、机和企业管理费计算的规费费率为15%，利润率为7%，增值税税率为9%。与类似工程概算指标规定的结构特征比较，该项目结构有部分变更，换出结构构件中每100m^2的人、料、机费用为12450元，换入结构构件中每100m^2的人、料、机费用为15800元，人、料、机费用均不包含增值税可抵扣进项税额。则该项目一般土建工程修正后的概算单价为（　　）元/m^2。

A.833.50　　　　　　　　　　B.1207.36

C.1192.34　　　　　　　　　　D.1316.84

【答案】B

【解析】概算单价=1158.84+（15800−12450）/100×（1+8%）(1+15%)(1+7%)(1+9%)=1207.36（元/m^2）。

考点64　施工图预算的作用★★

1.关于施工图预算对建设单位作用的说法中正确的有（　　）。

A.是确定建设项目筹资方案的依据

B.是施工图设计阶段确定建设工程项目造价的依据

C.是编制进度计划，统计完成工程量的依据

D.是确定工程招标控制价的依据

E.可以作为拨付工程进度款及办理结算的基础

【答案】BDE

【解析】施工图预算对建设单位的作用：

（1）是施工图设计阶段确定建设工程项目造价的依据，是设计文件的组成部分；

（2）是建设单位在施工期间安排建设资金计划和使用建设资金的依据；

（3）施工图预算是确定工程招标控制价的依据；

（4）可以作为确定合同价款、拨付工程进度款及办理工程结算的基础。

故B、D、E选项正确。

2.关于施工图预算对施工单位作用的说法，正确的有（   ）。

A.是施工前进行项目部设置的依据

B.可作为施工前组织材料、设备及劳动力供给的重要参考

C.是编制进度计划，统计完成工作量和经济核算的参考依据

D.是确定投标报价的依据

E.为合理确定实际造价、测算造价指数提供依据

【答案】BCD

【解析】施工图预算对施工单位的作用：

（1）施工图预算是确定投标报价的参考依据。在竞争激烈的建筑市场，施工单位需要根据施工图预算造价，结合企业的投标策略，确定投标报价。

（2）施工图预算是施工单位进行施工准备的依据，是施工单位在施工前组织材料、机具、设备及劳动力供应的重要参考，是施工单位编制进度计划、统计完成工作量、进行经济核算的参考依据。

（3）施工图预算是施工企业控制工程成本的依据。

（4）施工图预算是进行"两算"对比的依据。

故B、C、D选项正确。

3.施工图预算对于工程造价管理部门的作用主要有（   ）。

A.是项目立项审批的依据

B.是监督检查执行定额标准的依据

C.是合理确定工程造价的依据

D.是审定招标控制价的依据

E.是测算造价指数的依据

【答案】BCDE

【解析】对于工程造价管理部门而言，施工图预算是监督检查执行定额标准、合理确定工程造价、测算造价指数及审定招标控制价的重要依据，B、C、D、E选项正确。

考点65　施工图预算的编制方法★★★

1.某建设项目只有一个单项工程。关于该项目施工图预算编制要求的说法中正确的是（   ）。

A.应采用三级预算编制形式

B.应采用二级预算编制形式

C.无须编制施工图预算

D.编制建设项目总预算和单项工程综合预算

【答案】B

【解析】三级预算指的是单位—单项—总预算，当建设项目只有一个单项工程时，应采用二级预算编制形式，二级预算编制形式由建设项目总预算和单位工程预算组成。B选项正确。

2.采用定额单价法编制施工图预算时，其工程量计算的工作有：①调整计算结果使其与定额中的分部分项工程计量单位一致；②根据图纸及有关数据进行数值计算；③根据计算顺序和计算规则，列出分部分项工程量计算式；④根据工程内容和定额项目，列出需计算工程量的分部分项工程。其工作顺序正确的是（　　）。

A.①②③④　　　　　　　　　　　　B.③②①④

C.④③②①　　　　　　　　　　　　D.④②①③

【答案】C

【解析】定额单价法编制施工图预算时，工程量计算一般按如下步骤进行：

（1）根据工程内容和定额项目，列出需计算工程量的分部分项工程；

（2）根据一定的计算顺序和计算规则，列出分部分项工程量的计算式；

（3）根据施工图纸上的设计尺寸及有关数据，代入计算式进行数值计算；

（4）对计算结果的计量单位进行调整，使之与定额中相应的分部分项工程的计量单位保持一致。

故C选项正确。

3.采用定额单价法编制施工图预算时，若分项工程的主要材料品种与定额单价中规定的不一致，正确的处理方法是（　　）。

A.按照实际使用价格换算定额单价

B.编制补充定额单价

C.直接套用定额单价

D.调量不换价

【答案】A

【解析】分项工程的主要材料品种与定额单价中规定材料不一致时，不可以直接套用定额单价，需要按实际使用材料价格换算定额单价，A选项正确。

4.采用定额单价法和实物量法编制施工图预算的主要区别是（　　）。

A.计算人工费、材料费和施工机械使用费的方法不同

B.计算工程量的方法不同

C.计算企业管理费的方法不同

D.计算其他税费的程序不同

【答案】A

【解析】定额单价法和实物量法编制施工图预算的主要区别是计算人工费、材料费和施工机械使用费的方法不同，A选项正确。

5.实物量法编制施工图换算时，计算工程量后紧接着进行的工作是（　　）。

A.套定额单价，计算人、料、机费用

B.套消费定额，计算人、料、机消耗量

C.汇总人、料、机费用

D.计算管理费等其他各项费用

【答案】B

【解析】用实物量法编制施工图预算，主要是先用计算出的各分项工程的实物工程量，分别套取预算定额中人、料、机消耗指标，并按类相加。B选项正确。

考点66　设计概算审查的方法 ★

1.设计概算审查时，对图纸不全的复杂建筑安装工程投资，通过向同类工程的建设、施工企业征求意见判断其合理性。这种审查方法属于（　　）。

A.对比分析法 　　　　　　　　　　B.专家意见法

C.查询核实法 　　　　　　　　　　D.联合会审法

【答案】C

【解析】设计概算审查时，对图纸不全的复杂建筑安装工程投资，通过向同类工程的建设、施工企业征求意见判断其合理性，这种审查方法属于查询核实法。

2.某建设项目投资规模较大，土建部分工程量较小，从国外引进的设备，可对该项目概算进行审查，最适合的方法是（　　）。

A.联合会审法 　　　　　　　　　　B.查询核实法

C.分组计算审查法 　　　　　　　　D.对比分析法

【答案】B

【解析】某建设项目投资规模较大，土建部分工程量较小，从国外引进的设备，可对该项目概算进行审查，最适合的方法是查询核实法.

考点67　施工图预算审查的方法 ★★★

1.有10项采用通用图纸施工的单位工程，上部结构和做法完全相同，但因地质条件差异，其基础部分均有局部改变。审查这些工程上部结构的施工图预算时，宜采用的方法是（　　）。

A.标准预算审查法　　　　　　　　　B.分组计算审查法

C.对比审查法　　　　　　　　　　　D.重点审查法

【答案】A

【解析】有10项采用通用图纸施工的单位工程，上部结构和做法完全相同，但因地质条件差异其基础部分均有局部改变，审查这些工程上部结构的施工图预算时，宜采用的方法是标准预算审查方法，采用标准图纸或通用图纸审查。A选项正确。

2.施工图预算审查中，若工程条件相同，用已完工程的预算审查拟建工程的同类工程预算的方法属于（　　）。

A.标准预算审查法　　　　　　　　　　B.对比审查法

C.筛选审查法　　　　　　　　　　　　D.分组计算审查法

【答案】B

【解析】对比审查法是当工程条件相同时，用已完工程的预算或未完但已经过审查修正的工程预算对比审查拟建工程的同类工程预算的一种方法。B选项正确。

3.运用筛选审查法审查建筑工程施工图预算时，需要先确定有关分部分项工程的单位建筑面积基本数值指标，其指标包括（　　）。

A.工程量　　　　　　　　　　　　　　B.单价

C.能耗　　　　　　　　　　　　　　　D.占地

E.用工量

【答案】ABE

【解析】筛选法的基本指标包括3个：工程量、用工量和单价。A、B、E选项正确。

4.某拟建工程与已完工程地上部分的建设条件和设计完全相同，但地下部分不同，审查拟建工程施工图预算的地上部分最适宜采用的方法是（　　）。

A.标准预算审查法　　　　　　　　　　B.对比审查法

C.筛选审查法　　　　　　　　　　　　D.分组预算审查法

【答案】B

【解析】某拟建工程与已完工程地上部分的建设条件和设计完全相同，但地下部分不同，审查拟建工程施工图预算的地上相同部分最适宜采用对比审查法。

考点68　工程量清单计价原理★★★

1.工程量清单为投标人的投标竞争提供了一个平等和共同的基础，其理由在于（　　）。

A.投标人均应按工程量清单列出的项目不加修改地投标

B.工程量清单列出的工程项目内容、数量和质量要求是投标人竞争的共同基础

C.投标人均按工程量清单中确定的计量规范计算工程量

D.工程量清单中的项目和综合单价是投标人平等竞争的基础及依据

【答案】B

【解析】工程量清单是由招标人负责编制，将要求投标人完成的工程项目及其相应工程实体数量全部列出，为投标人提供拟建工程的基本内容、实体数量和质量要求等的基础信息。这样，在建设工程的招标投标中，投标人的竞争活动就有了一个共同基础，投标人机会均等，受到的待遇是公正和公平的，B选项正确。

2.根据《建设工程工程量清单计价规范》，以下公式中正确的是（　　）。

A.措施项目费=∑（措施项目工程量×措施项目综合单价）

B.分部分项工程费=∑（分部分项工程量×分部分项工程综合单价）

C.其他项目费=暂列金额+暂估价+计日工+总承包服务费+规费

D.总造价=单位工程报价+工程建设其他费+预备费+建设期利息+铺底流动资金

【答案】B

【解析】A选项错误，措施项目费=∑（措施项目工程量×措施项目综合单价）+∑单项措施费。B选项正确。C选项错误，其他项目费=暂列金额+暂估价+计日工+总承包服务费+其他。D选项错误，总造价=∑单项工程报价。

3.与全费用综合单价相比，现行《建设工程工程量清单计价规范》中分部分项工程的综合单价中没有涵盖的项目有（　　）。

A.管理费　　　　　　　　　　B.税金

C.利润　　　　　　　　　　　D.规费

E.风险费用

【答案】BD

【解析】工程量清单计价主要有三种形式：

①工料单价=人工费+材料费+施工机具使用费；

②综合单价=人工费+材料费+施工机具使用费+管理费+利润；

③全费用综合单价=人工费+材料费+施工机具使用费+管理费+利润+规费+税金。B、D选项正确。

考点69　工程量清单计价的一般规定 ★★

1.以下关于工程量清单编制的说法，正确的有（　　）。

A.措施项目清单计价应采用总价计价方式

B.实行工程量清单计价的工程，只能采用单价合同

C.采用总价合同形式的工程，已标价工程量清单的准确性和完整性由投标人负责

D.清单列项应遵循项目特征明确、边界清晰、便于计价的原则

E.工程量清单以措施项目清单为主要表现形式

【答案】CD

【解析】A选项错误，措施项目清单计价有两种方式：单价计价和总价计价。B选项错误，工程量清单计

价的工程，可以采用单价合同也可以采用总价合同。E选项错误，工程量清单以分部分项目清单为主要表现形式。

2.采用单价合同价格形式的工程，分部分项工程项目、单价计价措施项目、其他项目的招标工程量清单准确性和完整性由（　　）负责。

A.投标人　　　　B.招标人　　　　C.招投标管理机构　　　　D.项目监理机构

【答案】B

【解析】采用单价合同价格形式的工程，分部分项工程项目、单价计价措施项目、其他项目的招标工程量清单准确性和完整性由招标人负责。

3.采用总价合同形式的工程，已标价工程量清单的准确性和完整性由（　　）负责。

A.投标人　　　　　　　　　　　B.招标人

C.招投标管理机构　　　　　　　D.项目监理机构

【答案】A

【解析】采用总价合同形式的工程，已标价工程量清单的准确性和完整性由投标人负责。

考点70　分部分项工程项目清单编制的方法★★★

1.根据《建设工程工程量清单计价规范》，某分部分项工程的项目编码为01-02-03-004-005，其中"004"这一级编码的含义是（　　）。

A.工程分类顺序码　　　　　　　B.清单项目顺序码

C.分部工程顺序码　　　　　　　D.分项工程顺序码

【答案】D

【解析】五级十二位编码：01（国家计算规范代码）-01（专业工程顺序码）-01（分部工程顺序码）-001（分项工程顺序码）-×××（项目名称顺序码）。D选项正确。

2.分部分项工程项目清单中项目特征描述通常包括（　　）。

A.项目的管理模式　　　　　　　B.项目的材质、规格

C.项目的工艺特征　　　　　　　D.项目的组织方式

E.可能对项目施工方法产生影响的特征

【答案】BCE

【解析】清单项目特征主要涉及项目的自身特征（材质、型号、规格、品牌）、项目的工艺特征以及对项目施工方法可能产生影响的特征。B、C、E选项正确。

3.根据《建设工程工程量清单计价规范》，关于项目特征的说法中正确的是（　　）。

A.仅有分部分项工程量清单项目需要进行项目特征描述

B.项目特征决定了工程实体的实质内容，直接决定工程实体的自身价值

C.项目名称相同、项目特征不同的清单项目应分别列项

D.项目特征应根据计量规范的项目特征进行统一描述，招标人不应根据拟建项目实际情况更改项目特征的描述

E.项目特征是指构成分部分项工程量清单项目、措施项目自身价的本质特征

【答案】BCE

【解析】A选项错误，单项措施项目也需要项目特征的描述。D选项错误，项目特征应根据计量规范的项目特征，结合拟建项目实际情况更改项目特征的描述。B、C、E选项正确。

4.根据《建设工程工程量清单计价规范》，招标工程量清单的项目编码中表示专业工程顺序码的是第（　　）位。

A.1、2　　　　　　　　　　B.5、6

C.3、4　　　　　　　　　　D.7、8、9

【答案】C

【解析】1、2—国家计算规范代码。3、4—专业工程顺序码。5、6—分部工程顺序码。7、8、9—分项工程顺序码。10、11、12—项目名称顺序码。

考点71　措施项目清单的编制★★★

1.根据《建设工程工程量清单计价规范》，投标人可以根据需要自行增加列项的清单是（　　）。

A.措施项目清单　　　　　　B.分部分项工程量清单

C.其他项目清单　　　　　　D.规费、税金清单

【答案】A

【解析】根据《建设工程工程量清单计价规范》，投标人可以根据需要自行增加列项的清单是措施项目清单。A选项正确。

2.关于措施项目清单列项的说法中正确的有（　　）。

A.参考拟建工程常规施工组织设计确定的临时设施项目

B.施工过程中可能发生的工程变更而引起的技术措施项目

C.参考拟建工程常规施工技术方案确定的脚手架项目

D.施工方案没有表述但为实现施工规范要求而必须发生的技术措施项目

E.列入暂估价中的专业工程的技术措施项目

【答案】ACD

【解析】措施项目清单的设置，需要：

（1）参考拟建工程的常规施工组织设计，以确定环境保护、安全文明施工、临时设施、材料的二次搬运等项目；

（2）参考拟建工程的常规施工技术方案，以确定大型机械设备进出场及安拆、混凝土模板及支架、脚手架、施工排水、施工降水、垂直运输机械、组装平台等项目；

（3）参阅相关的施工规范与工程验收规范，以确定施工方案没有表述的但为实现施工规范与工程验收规范要求而必须发生的技术措施；

（4）确定设计文件中不足以写进施工方案，但要通过一定的技术措施才能实现的内容；

（5）确定招标文件中提出的某些需要通过一定的技术措施才能实现的要求。故A、C、D选项正确。

3.根据《建设工程工程量清单计价规范》，关于措施项目清单编制的说法中正确的有（　　）。

A.编制总价措施项目清单时应列出项目编码、项目名称，并按照现行计量规范的规定计算其工程量，不需要列出计量单位和项目特征

B.环境保护、安全文明施工和二次搬运等措施项目清单应根据工程本身的因素列项，不需考虑不同施工企业的实际情况

C.编制单价措施项目清单时应列出项目编码、项目名称、项目特征和计量单位，并按现行计量规范的规定计算其工程量

D.不同承包人对于同工程可能采用的施工措施不完全一致，因此措施项目清单应允许承包人根据拟建工程的实际情况列项

E.参考拟建工程的合理施工技术方案以确定大型机械设备进出场及安拆、混凝土模板和脚手架等措施项目

【答案】CDE

【解析】A选项错误，对不能计量的措施项目（即总价措施项目），措施项目清单中需列出项目编码、项目名称。B选项错误，措施项目清单的编制应考虑多种因素，除了工程本身的因素外，还要考虑水文、气象、环境、安全和施工企业的实际情况。C、D、E选项正确。

4.以下关于招标工程量清单中措施项目清单设置的说法中正确的是（　　）。

A.需适应投标企业的资质等级、规模和采取的特殊施工方案

B.需考虑拟建工程施工现场可能出现的零星工作

C.可参考拟建工程的常规施工组织设计和施工技术方案设置

D.不考虑设计文件中不足以写进施工方案但要通过技术措施才能实现的内容

【答案】C

【解析】措施项目清单的编制应考虑多种因素，除了工程本身的因素外，还要考虑水文、气象、环境、安全和施工企业的实际情况。措施项目清单的设置，需要：

（1）参考拟建工程的常规施工组织设计，以确定环境保护、安全文明施工、临时设施、材料的二次搬运等项目。

（2）参考拟建工程的常规施工技术方案，以确定大型机械设备进出场及安拆、混凝土模板及支架、脚手架、施工排水、施工降水、垂直运输机械、组装平台等项目（C选项正确）。

(3)参阅相关的施工规范与工程验收规范,以确定施工方案没有表述的但为实现施工规范与工程验收规范要求而必须发生的技术措施。

(4)确定设计文件中不足以写进施工方案,但要通过一定的技术措施才能实现的内容。

(5)确定招标文件中提出的某些需要通过一定的技术措施才能实现的要求。

考点72 其他项目清单和总说明的编制★★★

1.根据《建设工程工程量清单计价规范》,下列清单项中应列入其他项目清单的有（　　）。

A.计日工
B.材料暂估价
C.垂直运输机械
D.环境保护费
E.工程设备暂估价

【答案】ABE

【解析】其他项目清单包含的内容：暂列金额，暂估价（材料暂估单价、工程设备暂估价、专业工程暂估价），计日工，总承包服务费。A、B、E选项正确。

2.某工程按照业主的要求进行了专业工程分包,总承包商按照合同的规定对分包商提供了脚手架、对分包人在现场的设备进行保管以及整理竣工验收材料,由此发生的费用应计入（　　）。

A.建设管理费
B.企业管理费
C.总承包服务费
D.暂列金额

【答案】C

【解析】总承包服务费是指招标人要求总承包人对发包的专业工程提供协调和配合服务等发生并向总承包人支付的费用。C选项正确。

3.根据《建设工程工程量清单计价规范》,在编制工程量清单时,招标人对施工中噪声污染提出防护要求的描述应列在（　　）中。

A.其他项目清单的暂列金额
B.施工项目清单的项目特征
C.可能导致噪声污染的分部分项工程量清单的项目特征
D.工程量清单编制总说明

【答案】D

【解析】在编制工程量清单时,招标人对施工中噪声污染提出防护要求的描述应列在工程量清单编制总说明里。

考点73　最高投标限价的编制★★★

1.关于工程项目最高投标限价的说法，正确的有（　　）。

A.使用国有资金的工程项目招标时，招标人必须编制最高投标限价

B.最高投标限价在招标现场公布，不能上浮或下调

C.最高投标限价是具有编制能力的招标人自行编制，不得委托第三方编制

D.国有资金投资的工程项目其最高投标限价原则上不能超过批准的投资概算

E.投标人的投标报价高于最高投标限价的，其投标应予否决

【答案】AD

【解析】A选项正确，使用国有资金的工程项目招标时，招标人必须编制最高投标限价。B选项错误，最高投标限价在招标文件里公布，不是在招标现场公布，不能上浮或下调。C选项错误，最高投标限价可以委托第三方编制。D选项正确，国有资金投资的工程项目其最高投标限价原则上不能超过批准的投资概算。E选项错误，投标人的投标报价高于最高投标限价的，其投标应予拒绝，不是否决。

2.某建设项目分部分项工程的费用为20000万元（其中定额人工费占分部分项工程费的15%），措施项目费为500万元，其他项目费为740万元（以上数据均不含增值税）。规费为分部分项工程定额人工费的8%，增值税税率为9%，则该项目的最高投标限价为（　　）万元。

A.23151.6　　　　　　　　　　　　B.24895.6

C.26421.6　　　　　　　　　　　　D.23413.2

【答案】D

【解析】分部分项工程费=20000（万元），措施项目费=500（万元），其他项目费=740（万元），规费=20000×15%×8%=240（万元），招标控制价=（分部分项工程费+措施项目费+其他项目费+规费）×（1+增值税率）=（20000+500+740+240）×（1+9%）=23413.2（万元）。D选项正确。

3.根据《建设工程工程量清单计价规范》，一般情况下编制最高投标限价采用的材料优先选用（　　）。

A.招标人的材料供应商提供的材料单价

B.近三个月当地已完工程材料结算单价的平均值

C.工程造价管理机构通过工程造价信息发布的材料单价

D.当时当地市场的材料单价

【答案】C

【解析】最高投标限价编制时，尽量采用工程造价管理机构通过工程造价信息发布的材料单价。没有的，按市场调查价格确定，但应可靠。

4.关于最高投标限价编制的说法，正确的是（　　）。

A.暂估价应采用基准日期的市场平均价格

B.计算总承包服务费时，不考虑招标人是否自行供应材料和设备

C.编制措施项目费时,针对无法计算工程量的措施项目,可以以"项"为单位进行计价,但不包括规费和税金

D.综合单价应包括由招标人承担的风险费用

【答案】C

【解析】暂估价是招标人给出,A选项错误。计算总承包服务费时,需考虑招标人是否自行供应材料和设备,B选项错误。综合单价应包括由投标人承担的风险费用,D选项错误。

5.某项目根据《建设工程工程量清单计价规范》编制的最高投标限价,相关数据为:建筑分部分项工程费为5000万元,安装分部分项工程费为2400万元,装饰装修分部分项工程费为3000万元,其中定额人工费占分部分项工程费的25%,措施项目费以分部分项工程费为计费基础,费率为11%,其他项目费合计900万元,规费以人工费为计算基础,费率为12%(以上数据均不含增值税)。增值税税率为9%,则该项目的最高投标限价合计（　　）万元。

A.12756　　　　B.13692　　　　C.13904.04　　　　D.14138.04

【答案】C

【解析】分部分项工程费=5000+2400+3000=10400(万元);

措施项目费=10400×0.11=1144(万元);

其他项目费=900(万元);

规费=(5000+2400+3000)×0.25×0.12=312(万元);

增值税=(10400+1144+900+312)×9%=1148.04(万元);

最高投标限价="分"+"措"+"其"+"规"+"税"=10400+1144+900+312+1148.04=13904.04(万元)。C选项正确。

考点74　投标报价的编制★★★

1.建设工程采用工程量清单招标模式时,关于投标报价的说法正确的有（　　）。

A.投标人应以施工方案、技术措施等作为投标报价计算的基本条件

B.投标报价不得低于工程成本

C.招标工程量清单的工程数量与施工图纸不完全一致时,应按照招标人提供的清单工程量填报投标价格

D.投标报价只能由投标人编制,不能委托造价咨询机构编制

E.投标报价应以招标文件中设定的发承包责任划分,作为设定投标报价费用项目和费用计算的基础

【答案】ABCE

【解析】A选项正确,投标人应以施工方案、技术措施等作为投标报价计算的基本条件。B选项正确,投标报价不得低于工程成本。C选项正确,招标工程量清单的工程数量与施工图纸不完全一致时,应按照招标人提供的清单工程量填报投标价格。D选项错误,投标报价可由投标人编制,投标人也可委托具有相应资质

的造价咨询人编制。E选项正确，投标报价应以招标文件中设定的发承包责任划分，作为设定投标报价费用项目和费用计算的基础。

2.投标报价时，若投标人发现招标工程量清单项目特征描述与施工图纸不符，应以（　　）进行报价。

A.投标人按规范修正后的项目特征　　　　B.投标人参照以往完成的实际施工的项目特征

C.招标文件中的施工图纸　　　　　　　　D.招标工程量清单的项目特征描述

【答案】D

【解析】在招投标过程中，若出现工程量清单特征描述与设计图纸不符，投标人应以招标工程量清单的项目特征描述为准，确定投标报价的综合单价；若施工中施工图纸或设计变更与招标工程量清单项目特征描述不一致，发承包双方应按实际施工的项目特征依据合同约定重新确定综合单价，D选项正确。

3.根据《建设工程工程量清单计价规范》，关于投标人的投标总价编制的说法，正确的是（　　）。

A.为降低投标总价，投标人可以将暂列金额降至零

B.投标总价可在分部分项工程费、措施项目费、其他项目费和规费、税金合计金额上做出优惠

C.开标前投标人来不及修改标书时，可在投标者致函中给出优惠比例，并将优惠后的总价作为新的投标价

D.投标人对投标报价的任何优惠均应反映在相应清单项目的综合单价中

【答案】D

【解析】投标人在进行工程项目工程量清单招标的投标报价时，不能进行投标总价优惠（或降价、让利），投标人对投标报价的任何优惠（或降价、让利）均应反映在相应清单项目的综合单价中。D选项正确。

4.关于综合单价的确定步骤：①分部分项工程人工、材料、施工机具使用费的计算；②分析每一清单项目的工程内容；③计算工程数量与清单单位的含量；④确定消耗量指标和生产要素单价；⑤计算管理费和利润，得出综合单价。下列排序正确的是（　　）。

A.①②③④⑤　　　　　　　　　　　　　B.②③④①⑤

C.④②③①⑤　　　　　　　　　　　　　D.③②④①⑤

【答案】C

【解析】综合单价确定的步骤包括：①确定计算基础→消耗量指标和生产要素单价；②分析每一清单项目的工程内容；③计算工程内容的工程数量与清单单位的含量，清单单位含量=$\dfrac{某工程内容的企业定额工程量}{清单工程量}$；④分部分项工程人工、材料、施工机具使用费的计算；⑤计算综合单价。

5.在投标报价确定分部分项工程综合单价时，应根据所选的计算基础计算工程内容的工程数量，该数量应为（　　）。

A.实物工程量　　　　　　　　　　　　　B.施工工程量

C.企业定额工程量　　　　　　　　　　　D.复核的清单工程量

【答案】C

【解析】清单单位含量=$\dfrac{\text{某工程内容的企业定额工程量}}{\text{清单工程量}}$，C选项正确。

6.某工程的招标工程量清单中人工挖土方数量为5800m³，投标单位根据已方施工方案确定的挖土工程量为11200m³，人工、材料、机械费用之和为50元/m³，综合单价确定为80元/m³，则在如下人工挖土方分项工程的综合单价分析表汇总，"*"位置对应的数量应为（　　）。

项目编号				项目名称			人工挖土方		计量单位		m³
清单综合单价组成明细											
定额编号	定额名称	定额单位	数量	单价				合价			
				人工费	材料费	机械费	管理费和利润	人工费	材料费	机械费	管理费和利润
	人工挖土	m³	*	…	…	…	…	…	…	…	…
	…	…	…								

A.1.93　　　　B.1.60　　　　C.0.63　　　　D.0.52

【答案】A

【解析】单位清单工程量=$\dfrac{\text{投标人确定的量}}{\text{清单量}}=\dfrac{11200}{5800}=1.93$（m³）。A选项正确。

考点75　合同价款的约定★★

1.根据《建设工程工程量清单计价规范》，在招标工程的合同价款约定中，若中标人投标文件与招标文件存在不一致的内容，应以（　　）为准。

A.投标文件　　　　　　　　B.造价咨询机构确认书
C.招标文件　　　　　　　　D.审计报告

【答案】A

【解析】招标文件与中标人投标文件不一致的地方应以投标文件为准。A选项正确。

2.突发疫情，某单位接受政府委托，要在15日内建成方舱医院，可采用的计价方式为（　　）。

A.固定总价合同　　　　　　B.固定单价合同
C.可调单价合同　　　　　　D.成本加酬金合同

【答案】D

【解析】紧急抢险救灾工程、施工技术先进的工程、特别复杂的工程适用于成本加酬金合同。

考点76　工程计量★★

1.关于工程计量原则的说法，正确的是（　　）。

A.对承包人已完成的合同范围内且质量达到合同标准的工程进行计量

B.对承包人已完成的全部工程进行计量

C.对清单中出现工程量计算偏差引起的工程量增加不予计量

D.对承包人原因造成的返工工程量应予以计量

【答案】A

【解析】对于承包人已完成的工程，并不是全部进行计量，只有质量达到合同标准的已完工程才予以计量。所以工程计量必须与质量监理紧密配合，经过专业监理工程师检验，工程质量达到合同规定的标准后，由专业监理工程签署报验申请表（质量合格证书），只有质量合格的工程才予以计量。A选项正确。

2.施工过程中，可以作为工程量计量依据的资料有（　　）。

A.质量合格证书　　　　　　　　　　B.工程量清单及说明

C.技术规范　　　　　　　　　　　　D.施工验收规范

E.设计图纸

【答案】ABCE

【解析】工程量计量依据有质量合格证书、工程量清单及说明、工程量计算规范、设计图纸、合同条件和技术规范。

3.某土方工程《建设工程工程量清单计价规范》上签订了单价合同，招标清单中土方开挖工程量为8000m³，施工过程中承包人采用了放坡的开挖方式。完工计量时，承包人因放坡增加土方开挖量1000m³，因工作面变化增加土方开挖量1600m³，因施工操作不慎塌方增加土方开挖量500m³，则应予结算的土方开挖工程量为（　　）m³。

A.11100　　　　　　　　　　　　　B.10600

C.9000　　　　　　　　　　　　　　D.8000

【答案】D

【解析】工程量应以承包人完成合同工程且应予计量的工程数量确定，所以，应以清单工程量计量。

4.某灌注桩计量支付条款约定工程量以米计算，若设计长度为20m的灌注桩，承包人做了21m，监理工程师对施工质量表示异议，则发包人应该按（　　）m支付价款。

A.19　　　　　　　　　　　　　　　B.20

C.21　　　　　　　　　　　　　　　D.22

【答案】B

【解析】对于不符合合同文件要求的工程，承包人超出施工图纸范围或其他承包人原因造成返工的工程量，不予计量。

考点77　单价合同的计量 ★

1.在单价合同履行过程中，因设计变更引起工程量清单中的某分部分项工程量增加时，该分部分项工程量应按（　　）计量。

A.承包人履行合同义务完成的工程量　　　B.原招标工程量清单中的工程量

C.承包人提交的已完工程量　　　D.招标文件中所附施工图纸工程量

【答案】A

【解析】对采用单价合同的工程进行工程量计量时，若出现工程量清单缺陷引起工程量增减，或工程变更引起工程量增减，单价计价的清单项目，按承包人在履行合同义务中实际完成并应予计量的工程量计量。

2.承包人应当按照约定的计量周期和时间向发包人提交当期已完工程的计量报告。发包人应在收到报告后（　　）d内核实，并将核实的计量结果通知承包人。

A.7　　　B.10　　　C.14　　　D.21

【答案】A

【解析】承包人应当按照约定的计量周期和时间向发包人提交当期已完工程的计量报告。发包人应在收到报告后7d内核实，并将核实的计量结果通知承包人。

3.发包人认为需要进行现场计量核实时，应在计量前（　　）通知承包人，承包人应为计量提供便利条件并派人参加。

A.24h　　　B.48h　　　C.7d　　　D.14d

【答案】A

【解析】发包人认为需要进行现场计量核实的，应在计量前24h通知承包人。

考点78　工程量清单的缺陷 ★★★

1.当工程量清单缺陷导致该清单项目的工程数量增加超过15%时，对综合单价进行调整的方法是（　　）。

A.15%及以内部分按照清单项目原有的综合单价扣减

B.15%以外部分按照清单项目原有的综合单价计算

C.15%以外部分由发承包双方根据实施工程的合理成本和利润协商确定综合单价

D.15%以外部分的工程量的综合单价调高

【答案】C

【解析】当工程量清单缺陷导致该清单项目的工程数量增加超过15%时，15%及以内部分按照清单项目原有的综合单价计算，15%以外部分由发承包双方根据实施工程的合理成本和利润协商确定综合单价；当工程量清单缺陷导致该清单项目的工程数量减少超过15%时，15%及以内部分按照清单项目原有的综合单价扣减，15%以外部分由发承包双方根据实施工程的合理成本和利润协商确定其综合单价。

2.对采用单价合同的工程,关于工程量清单缺陷调整合同价格的说法,错误的是(　　)。

A.已标价工程量清单中有适用于工程量清单缺陷项目的,采用该项目的综合单价

B.已标价工程量清单中没有适用但有类似工程量清单缺陷项目的,可在合理范围内参考类似项目的综合单价

C.已标价工程量清单中没有适用也没有类似工程量清单缺陷项目的,由监理人根据实施工程的合理成本和利润协商确定综合单价

D.已标价总价计价措施项目清单费用包干,合同价格不因招标工程量清单缺陷而调整

【答案】C

【解析】采用单价合同的工程,工程量清单缺陷经发承包双方确认后,应按照下列规定调整合同价格:①已标价工程量清单中有适用于工程量清单缺陷项目的,采用该项目的综合单价;②已标价工程量清单中没有适用但有类似工程量清单缺陷项目的,可在合理范围内参考类似项目的综合单价;③已标价工程量清单中没有适用也没有类似工程量清单缺陷项目的,由发承包双方根据实施工程的合理成本和利润协商确定综合单价;④已标价总价计价措施项目清单费用包干,合同价格不因招标工程量清单缺陷而调整。

3.某独立土方工程,招标文件中估计工程量为2000m³,合同中约定:土方工程全费用综合单价为50元/m³。当实际工程量超过估计工程量15%时,超出15%的部分单价调整为原单价的95%。工程结束时,实际完成并经发包人确认的土方工程量为3000m³,则土方工程款为(　　)元。

A.100000　　　　B.148250　　　　C.147500　　　　D.150000

【答案】B

【解析】合同约定范围内(15%以内)的工程款:2000×(1+15%)×50=115000(元)。超出15%之后部分工程量的工程款为:[3000-2000×(1+15%)]×50×95%=33250(元)。则土方工程款=115000+33250=148250(元)。

4.采用清单计价的某分部分项工程,招标控制价的综合单价为320元,投标报价的综合单价为265元,该工程投标报价下浮率为5%。结算时,该分项工程工程量比清单量增加了18%,且合同未确定综合单价调整方法,则综合单价的处理方式是(　　)。

A.上浮18%　　　　　　　　B.下调5%

C.调整为292.5　　　　　　D.可不调整

【答案】D

【解析】320×(1-5%)×(1-15%)=258.4(元),265>258.4,可以不进行调整。

5.根据《建设工程工程量清单计价规范》,当合同中没有约定时,对于任一招标工程量清单项目,如果因工程变更等原因导致工程量差超过(　　),合同单价应进行调整。

A.20%　　　　　　　　　　B.15%

C.10%　　　　　　　　　　D.5%

【答案】B

【解析】根据《建设工程工程量清单计价规范》，对于任一招标工程量清单项目，如果因工程量偏差和工程变更等原因导致工程量偏差超过15%，可进行调整。

6.某采用工程量清单计价的场地平整工程，招标工程量清单中的工程量为8000m²。合同约定：场地平整全费用综合单价为11.3元/m²，当实际工程量超过清单中工程数量15%以上时，15%以内部分按原有单价计算，15%以外部分单价调整为10元/m²。工程结束时，实际完成的场地平整工程量为10000m²。该场地平整工程实际结算价款为（　　）万元。

A.10.000　　　　　　B.11.040　　　　　　C.11.300　　　　　　D.11.196

【答案】 D

【解析】 11.3×8000×1.15+10×（10000-8000×1.15）=11.196（万元）。

考点79　物价变化★★★

1.某工程施工合同约定根据价格调整公式调整合同价，已知不调值部分占合同价的比例为15%，可参与调值部分的费用类型、占合同总价的比例和相关价格指数见下表。若结算当月完成的合同额为1000万元，则调整后的合同金额为（　　）万元。

	占合同总价的比例	基准日期价格指数	合同签订时价格指数	结算时价格指数
人工	30%	101	103	106
钢筋	20%	101	110	105
混凝土	25%	105	109	115
木材	10%	102	102	105

A.1050　　　　　　B.1034　　　　　　C.1017　　　　　　D.1000

【答案】 A

【解析】 根据公式 $P = P_0 \left[A + \left(B_1 \times \dfrac{F_{t1}}{F_{01}} + B_2 \times \dfrac{F_{t2}}{F_{02}} + \cdots + B_n \times \dfrac{F_{tn}}{F_{0n}} \right) \right]$，1000×[15%+（0.3×106/101+0.2×105/101+0.25×115/105+0.1×105/102）]=1050（万元）。A选项正确。

2.根据《建设工程工程量清单计价规范》，由于承包人未在约定的工期内竣工，则对原约定竣工日期继续施工的工程，在使用价格调整公式进行价格调整时，应使用的现行价格指数是（　　）。

A.原约定竣工日期的价格指数

B.原约定竣工日期与实际竣工日期的两个价格指数中较低者

C.实际竣工日期的价格指数

D.原约定竣工日期与实际竣工日期的两个价格指数中较高者

【答案】 B

【解析】 承包人原因导致工程延期的，在使用价格调整公式进行价格调整时，应使用的现行价格指数是原约定竣工日期与实际竣工日期的两个价格指数中较低者。

3.承包人采购材料和工程设备的,应在合同中约定主要材料、工程设备价格变化的范围或幅度。若合同没有约定,则材料、工程设备单价变化比例最低超过（　　）时,超过部分的价格应按照价格指数调整法或造价信息差额调整法计算调整材料、工程设备费。

A.10%　　　　　　　B.5%　　　　　　　C.4%　　　　　　　D.3%

【答案】B

【解析】承包人采购材料和工程设备的,应在合同中约定主要材料、工程设备价格变化的范围或幅度;当没有约定,且材料、工程设备单价变化超过5%时,超过部分的价格应按照价格指数调整法或造价信息差额调整法计算调整材料、工程设备费。

考点80　暂估价、暂列金额和计日工的调整★★★

1.工程投标报价中,暂列金额的处理方式是（　　）决定其用途。

A.计入承包商工程总报价,由承包商掌管使用

B.不计入承包商工程总报价,由项目设计方掌管使用

C.不计入承包商工程总报价,由业主工程师掌管使用

D.计入承包商工程总报价,由业主工程师掌管使用

【答案】D

【解析】暂列金额应计入承包商工程总报价,由业主工程师掌管使用。

2.根据《建设工程工程量清单计价规范》,施工过程中发生的计日工应按照（　　）计价。

A.已标价工程量清单中的计日工单价

B.计日工发生时承包人提出的综合单价

C.计日工发生当月市场人工工资单价

D.计日工发生当月造价管理部门发布的人工指导价

【答案】A

【解析】施工过程中发生的计日工,应按照已标价工程量清单中的计日工单价计价。

3.由发包人作为招标人进行材料、专业工程暂估价招标的,组织招标工作有关的费用由（　　）承担。

A.发包人　　　　　　　　　　　　B.承包人

C.监理人　　　　　　　　　　　　D.发包人和承包人共同

【答案】A

【解析】由发包人作为招标人进行材料、专业工程暂估价招标的,组织招标工作有关的费用由发包人承担。

考点81 工程变更价款的确定★★★

1.根据相关规定,关于变更权的说法,正确的有( )。

A.发包人和监理人均可以提出变更

B.承包人可以根据施工的需要对工程非重要的部分作出适当变更

C.监理人发出变更指示一般无须征得发包人的同意

D.变更指示均通过监理人发出

E.设计变更超过原批准的建设规模时,承包人应先办理规划变更审批手续

【答案】AD

【解析】A选项正确,发包人和监理人均可以提出变更。B选项错误,未经许可,承包人不得擅自对工程的任何部分进行变更。C选项错误,监理人发出变更指示前应征得发包人同意。D选项正确,变更指示均通过监理人发出。E选项错误,涉及设计变更的,应由设计人提供变更后的图纸和说明。如变更超过原设计标准或批准的建设规模时,发包人应及时办理规划、设计变更等审批手续。

2.已标价工程量清单中无相同项目及类似项目单价的,变更估价( )。

A.按照合理的成本加利润的原则,由合同当事人协商确定变更工作的单价

B.按照直接成本加管理费的原则,由合同当事人协商确定变更工作的单价

C.按照直接成本加适当利润的原则,由发包人确定变更单价

D.根据合理的成本加适当利润的原则,由监理人确定新的变更单价

【答案】A

【解析】已标价工程量清单中无相同项目及类似项目单价的,变更估价按照合理的成本加利润的原则,由合同当事人协商确定变更工作的单价。A选项正确。

3.某工程施工过程中,由于设计变更,新增加轻质材料隔墙1000m^2,已标价工程量清单中有此轻质材料隔墙项目综合单价,且新增部分工程量在15%以内,则对工程变更价款调整应( )。

A.按成本加利润的原则确定新的综合单价

B.直接采用该项目综合单价

C.按可调单价原则确定新的项目单价

D.由承发包双方协商新的项目单价

【答案】B

【解析】直接采用适用的项目单价的前提是其采用的材料、施工工艺和方法相同,也不因此增加关键线路上工程的施工时间。该工程已标价工程量清单中有此轻质材料隔墙项目综合单价,且新增部分工程量在15%以内,所以应直接采用该项目的综合单价。B选项正确。

4.因工程变更引起措施项目费变化,在拟实施方案得到发承包双方确认后,下列说法正确的是( )。

A.总价计算的措施项目费,按实际发生变化的措施项目并考虑承包人报价浮动因素调整

B.单价计算的措施项目费，应按工程变更估价原则的规定进行调整

C.总价计算的措施项目费，按合理成本和利润协商计算增减金额

D.一般按照建筑面积计算的措施项目费不能进行调整

【答案】B

【解析】工程变更引起措施项目变化时，合同不利方提出调整措施项目费，需先将拟实施方案提交另一方确认。如未提出调整，则视为不引起措施项目费变化或放弃调整权利。拟实施方案经发承包双方确认后，按下列规定：

（1）单价计价的措施项目按变更估价的原则规定调整；

（2）与建筑面积增减有关的总价计价措施项目，根据与其相关的已标价总价计价措施项目清单费用合计，按增减比例（增减面积/建筑面积）计算增减金额；

（3）与建筑面积增减无关的总价计价措施项目，根据施工工程的合理成本和利润，协商计算总价计价措施项目的增减金额。

故B选项正确。

考点82　工程索赔 ★★★

1.某工程原定2019年6月30日竣工，因承包人原因，工程延至2019年10月30日竣工，但在2019年7月因法律法规变化导致工程造价增加200万元，则该工程合同价款的正确处理方法是（　　）。

A.不予调增　　　　　　　　　　B.调增100万元

C.调增150万元　　　　　　　　D.调增200万元

【答案】A

【解析】由于承包人原因导致工期延误，延误期法律法规变化，价款调增的不予调整，调减的予以调整。

2.下列因不可抗力产生的损失中，由发包人承担的有（　　）。

A.已运至施工现场的材料的损坏

B.承包人施工人员受伤产生的医疗费

C.施工机具的损坏损失

D.施工机具的停工损失

E.工程清理修复费用

【答案】AE

【解析】因不可抗力事件导致的工程索赔，发承包双方应按下列原则分别承担并调整合同价格和工期：①永久工程、已运至施工现场的材料的损坏，以及因工程损坏造成的第三方人员伤亡和财产损失由发包人承担；②承包人施工设备的损坏及停工损失由承包人承担；③发包人和承包人承担各自人员伤亡和财产的

损失；④因不可抗力引起暂停施工的，停工期间按照发包人要求照管、清理、修复工程的费用和发包人要求留在施工现场必要的管理与保卫人员工资由发包人承担；⑤因不可抗力影响承包人履行合同约定的义务，引起工期延误的，应当顺延工期，发包人要求赶工的，由此增加的赶工费用由发包人承担；⑥其他情形按法律法规规定执行。A、E选项正确。

3.某建设工程施工过程中，由于发包人设计变更导致承包人暂停施工，致使承包人自有机械窝工10个台班。该机械的台班单价为400元/台班，台班折旧费为300元/台班，承包人的租赁机械窝工10个台班，台班租赁费用为500元，工作时每台班燃油动力费为100元，人员窝工20个工日，人工工资单价300元/工日，人工窝工补贴100元/工日。不考虑其他因素，则承包人可以索赔的费用为（   ）元。

    A.14000　　　　　　　　　B.15000　　　　　　　　　C.16000　　　　　　　　　D.10000

【答案】D

【解析】本题考查索赔的计算方法。①人工费。其中增加工作内容的人工费应按照计日工费计算，而停工损失费和工作效率降低的损失费按窝工费计算。②设备费。当工作内容增加引起设备费索赔时，设备费的标准按照机械台班费计算。对窝工引起的设备费索赔，当施工机械属于施工企业自有时，按照机械折旧费计算索赔费用；当施工机械是施工企业从外部租赁时，索赔费用的标准按照设备租赁费计算。自有机械窝工按折旧：300×10=3000（元）。租赁机械窝工按租赁费：500×10=5000（元）。人员窝工按窝工补贴：100×20=2000（元）。总计=10000（元），D选项正确。

4.根据《标准施工招标文件》，下列导致承包人工期延误的费用增加的情形中，承包人可以同时索赔工期、费用和利润的有（   ）。

    A.承包人遇到不利物质条件　　　　　　　　B.不可抗力

    C.发包人原因引起的暂停施工　　　　　　　D.延期提供施工场地

    E.发包人提供的材料和设备不符合合同要求

【答案】CDE

【解析】A选项错误，"承包人遇到不利物质条件"可以索赔工期和费用。B选项错误，"不可抗力"可以索赔工期和部分费用。C、D、E选项正确，"发包人原因引起的暂停施工""延期提供施工场地""发包人提供的材料和设备不符合合同要求"可以索赔工期、费用和利润。

5.某工程在施工过程中，因不可抗力造成永久性工程损失55万元，承包人受伤人员医药费6万元，施工机具损失18万元，复工前承包人按发包人要求清理工程费用8万元。以上费用应由发包人承担的金额为（   ）万元。

    A.32　　　　　　　　　　　　　　　　　　B.63

    C.69　　　　　　　　　　　　　　　　　　D.87

【答案】B

【解析】不可抗力费用，发包人应承担工程损失和修复清理费用，即55+8=63（万元），其余费用由承包人自行承担。

考点83　预付款与安全文明施工费 ★★★

1.在具备施工条件的前提下,发包人应在双方签订合同后不迟于约定开工日期的(　　)d前预付工程款。
A.7　　　　　　　　B.14　　　　　　　　C.21　　　　　　　　D.28

【答案】A

【解析】在具备施工条件的前提下,发包人应在双方签订合同后不迟于约定开工日期的7d前预付工程款,发包人不按约定预付,承包人应在预付时间到期后10d内向发包人发出要求预付的通知。发包人收到通知后仍不按要求预付的,承包人在发出通知14d后有权暂停施工。发包人应从约定应付之日起向承包人支付应付款的利息,并承担违约责任。

2.根据相关规定,关于安全文明施工费的说法,正确的是(　　)。
A.基准日期后合同适用的法律或政府有关规定发生变化的,增加的安全文明施工费由承包人承担
B.承包人经发包人同意采取合同约定以外的安全措施所产生的费用,由承包人承担
C.发包人应在开工后28d内预付安全文明施工费总额的30%,其余部分与进度款同期支付
D.承包人对安全文明施工费应专款专用,并应在财务账目中单独列项备查

【答案】D

【解析】A选项错误,基准日期后合同适用的法律或政府有关规定发生变化的,增加的安全文明施工费由发包人承担。B选项错误,承包人经发包人同意采取合同约定以外的安全措施所产生的费用,由发包人承担。C选项错误,发包人应在开工后28d内预付安全文明施工费总额的50%,其余部分与进度款同期支付。D选项正确,承包人对安全文明施工费应专款专用,并应在财务账目中单独列项备查。

3.根据相关规定,预付款支付的最迟时间为(　　)。
A.签署合同后的第15天
B.开工通知载明的开工日期7天前
C.承包人的材料、设备、人员进场7天前
D.预付款担保提供后的第7天

【答案】B

【解析】本题考查的是预付款的支付。预付款的支付按照专用合同条款约定执行,但最迟应在开工通知载明的开工日期7天前支付,B选项正确。

考点84　进度款 ★★

1.发包人支付进度款的比例,应不低于当期完成且应予计算工程价款总额的(　　)。
A.60%　　　　　　　B.70%　　　　　　　C.80%　　　　　　　D.90%

【答案】C

【解析】发包人支付进度款的比例，应不低于当期完成且应予计算工程价款总额的80%。

2.承包人应在每个计量周期到期后的（　　）d内，向发包人提交已完工程进度款支付申请。

A.7　　　　　　　　B.14　　　　　　　　C.21　　　　　　　　D.28

【答案】A

【解析】承包人应在每个计量周期到期后的7d内向发包人提交已完工程进度款支付申请，一式四份，并详细说明此周期内其认为有权得到的款额。

3.【题目】承包人在每个计量周期向发包人提交的已完工程进度款支付申请应包括的内容有（　　）。

A.签约合同价
B.累计已完成的合同价款
C.本周期合计完成的合同价款
D.本周期合计应扣减的金额
E.本周期实际应支付的合同价款

【答案】BCDE

【解析】承包人应在每个计量周期到期后的7d内向发包人提交已完工程进度款支付申请，一式四份，并详细说明此周期内其认为有权得到的款额，包括分包人已完工程的价款。支付申请应包括下列内容：①本周期已完成的工程价款：a.本周期已完成的合同项目金额；b.本周期应增加和扣减的变更金额；c.本周期应增加和扣减的索赔金额；d.本周期应增加和扣减的其他合同价格调整金额；②本周期应扣减的返还预付款；③本周期应扣减的质量保证金；④本周期应增加和扣减的其他金额；⑤本周期应支付的金额。

考点85　施工过程结算★★

1.【题目】施工过程结算款的支付比例在合同中予以约定，应不低于当期施工过程结算价款总额的（　　）。

A.75%　　　　　　　B.80%　　　　　　　C.85%　　　　　　　D.90%

【答案】D

【解析】施工过程结算款的支付比例在合同中予以约定，应不低于当期施工过程结算价款总额的90%。

2.发包人签发结算支付证书后的（　　）d内，应按照结算支付证书列明的金额向承包人支付结算款。

A.7　　　　　　　　B.14　　　　　　　　C.21　　　　　　　　D.28

【答案】B

【解析】发包人签发结算支付证书后的14d内，应按照结算支付证书列明的金额向承包人支付结算款。

3.发包人应在收到承包人提交结算款支付申请后的（　　）d内予以核实，向承包人签发结算支付证书。

A.7　　　　　　　　B.14　　　　　　　　C.21　　　　　　　　D.28

【答案】A

【解析】发包人应在收到承包人提交结算款支付申请后的7d内予以核实，向承包人签发结算支付证书。

考点86　竣工结算 ★

1.竣工结算确定后，承包人提交的竣工结算款支付申请应包括的内容有（　　）。

A.所有已经支付的现场签证　　　　　B.竣工结算合同价款总额

C.累计已实际支付的合同价款　　　　D.应扣留的质量保证金或保函

E.实际应支付的竣工结算金额

【答案】BCDE

【解析】竣工结算确定后，承包人应根据办理的竣工结算文件向发包人提交竣工结算款支付申请。申请包括下列内容：①竣工结算合同价款总额；②累计已实际支付的合同价款；③应扣留的质量保证金或保函；④实际应支付的竣工结算款金额。B、C、D、E选项正确。

2.发包人向承包人支付结算款的时间是（　　）。

A.提交竣工结算款申请后的14天后

B.签发竣工结算支付证书后的14天内

C.提交竣工结算款申请后的7天后

D.签发竣工结算支付证书后的28天内

【答案】B

【解析】发包人签发竣工结算支付证书后的14天内，应按照竣工结算支付证书列明的金额向承包人支付结算款。B选项正确。

3.发包人未按规定程序支付竣工结算款项的，承包人可以（　　）。

A.催发包人支付　　　　　　　　　　B.获得延迟支付利息的权利

C.直接将工程折价　　　　　　　　　D.直接将工程拍卖

E.就工程拍卖价款获得优先受偿权

【答案】ABE

【解析】发包人未按照合同约定支付竣工结算款的，承包人可催告发包人支付，并有权获得延迟支付的利息。发包人在竣工结算支付证书签发后或者在收到承包人提交的竣工结算款支付申请7天后的56天内仍未支付的，除法律法规另有规定外，承包人可与发包人协商将该工程折价，也可直接向人民法院申请将该工程依法拍卖。承包人有权就该工程折价或拍卖的价款优先受偿。A、B、E选项正确。

考点87　合同解除结算 ★

1.因不可抗力导致合同无法履行连续超过84天时，关于施工合同解除的说法中正确的是（　　）。

A.仅发包人有权提出解除合同

B.仅承包人有权提出解除合同

C.发包人和承包人均无权提出解除合同

D.发包人和承包人均有权提出解除合同

【答案】D

【解析】因不可抗力导致合同无法履行连续超过84天或累计超过140天的，发包人和承包人均有权解除合同。

2.因不可抗力解除合同的，发包人不应向承包人支付的费用是（　　）。

A.承包人已完成工作的价款　　　　　　B.承包人未交付材料的货款

C.解除订货合同而产生的费用　　　　　D.承包人撤离施工现场的费用

【答案】B

【解析】因不可抗力导致合同解除后，发承包人应商定或确定发包人应当支付的款项，该款项包括：①合同解除前承包人已完成工作的价款；②承包人为合同工程合理订购且已交付的，或承包人有责任接受交付的材料和其他物品的价款；③发包人要求承包人退货或解除订货合同而产生的费用，或因不能退货或解除合同而产生的损失；④承包人撤离施工现场以及遣散承包人人员的费用；⑤在合同解除前应支付给承包人的其他款项；⑥扣减承包人应向发包人支付的款项；⑦双方商定或确定的其他款项。

3.因承包人违约解除合同的，发包人应在合同解除后的（　　）d内核实合同解除时承包人已完成工作对应的合同价格，以及按施工进度计划已运至现场的材料货款。

A.7　　　　　　　B.14　　　　　　　C.28　　　　　　　D.42

【答案】C

【解析】因承包人违约解除合同的，发包人应暂停向承包人支付任何价款。发包人应在合同解除后的28d内核实合同解除时承包人已完成工作对应的合同价格，以及按施工进度计划已运至现场的材料货款，核算承包人应支付的违约金以及给发包人造成损失或损害的索赔金额，并将结果通知承包人。发承包双方应在28d内予以确认或提出意见，并应办理结算合同价格。

考点88　质量保证金★★★

1.根据相关规定，关于质量保证金的说法中正确的是（　　）。

A.承包人提供质量保证金原则上采用扣留相应比例工程款的方式

B.在工程竣工前，承包人已提供履约担保的，发包人不得同时预留质量保证金

C.在支付工程进度款时逐次扣留质量保证金的，质量保证金的计算基数应包括每次价格调整的金额

D.发包人累计扣留的质量保证金不得超过工程价款结算总额的5%

【答案】B

【解析】A选项错误，除专用合同条款另有约定外，质量保证金原则上采用质量保证金保函方式。B选项正确，在工程项目竣工前，承包人已经提供履约担保的，发包人不得同时预留工程质量保证金。C选项错

误,在支付工程进度款时逐次扣留时,质量保证金的计算基数不包括预付款的支付、扣回以及价格调整的金额。D选项错误,发包人累计扣留的质量保证金不得超过工程价款结算总额的3%。

2.根据相关规定,质量保证金扣留的方式原则上采用( )的方式。

A.在支付工程进度款时逐次扣留　　　　B.工程竣工结算时一次性扣留

C.按照里程碑扣留　　　　　　　　　　D.签订合同后一次性扣留

【答案】A

【解析】质量保证金扣留的方式原则上采用在支付工程进度款时逐次扣留的方式。

3.根据《建设工程施工合同(示范文本)》通用合同条款,关于工程保修的说法中正确的是( )。

A.保修期内因发包人使用不当造成工程的缺陷和损坏,可以委托承包人修复,发包人承担修复的费用但不用支付承包人利润

B.保修期内因承包人原因造成工程的缺陷和损坏,承包人应负责修复并承担修复的费用,但不承担因工程缺陷和损坏造成的人身及财产损失

C.保修期内因特大地震造成工程缺陷和损坏,可以委托承包人修复,发包人承担修复的费用并支付承包人合理利润

D.保修期内发包人发现已接收的工程存在任何缺陷,应书面通知承包人修复,承包人接到通知后应在48小时内到工程现场修复缺陷

【答案】C

【解析】A选项错误,发包人原因,应支付费用和利润。B选项错误,承包人原因,应承担修复费用,如造成人身财产损失,也要负责。C选项正确,保修期内因特大地震造成工程缺陷和损坏,可以委托承包人修复,发包人承担修复的费用并支付承包人合理利润。D选项错误,工程修复,应书面通知承包人,紧急可口头通知,但要在48h内补上书面通知,在专用合同条款约定合理期限到达现场。

考点89　合同价款争议的解决 ★★

1.若发包人和承包人之间就工程质量、进度、价款支付与扣除、工期延期、索赔、价款调整等发生争议,首先应( )。

A.按发承包双方中较低价格方案执行

B.以书面形式提请工程计价依据主编单位给予解释

C.提交给双方约定解决合同价款争议的工程师解决,并应抄送另一方

D.就争议问题进行调解

【答案】C

【解析】若发包人和承包人之间就工程质量、进度、价款支付与扣除、工期延期、索赔、价款调整等发生争议,首先应提交给双方约定解决合同价款争议的工程师解决,并应抄送另一方。工程师应会同发承包

双方进行协商，并可按协商结果审慎、公正地做出暂定结果。

2.调解是解决工程合同价款纠纷的一种途径，下列关于调解的说法中正确的是（ ）。

A.承包人对调解书有异议时，可以停止施工

B.发承包双方签字认可的调解书不能作为合同的补充文件

C.发承包双方可在合同履行期间协议调换或终止原合同约定的调解人

D.调解人的任期在竣工结算经发承包双方确认时终止

【答案】C

【解析】当发承包双方中任一方对调解人或调解机构的调解书有异议时，应在收到调解书后28d内向另一方发出异议通知，并应说明争议的事项和理由，A选项错误。发承包双方接受调解人或调解机构提出的调解书的，经双方签字后作为合同的补充文件，对发承包双方均具有约束力，双方都应遵照执行，B选项错误。合同履行期间，发承包双方可协议调换或终止任何调解人或调解机构。除非双方另有协议，在最终结清支付证书生效后，调解人或调解机构的任期应立即终止，C选项正确，D选项错误。

考点90　工程总承包模式的适用情形★★★

1.可行性研究报告批准后发包的，宜采用（ ）模式。

A.设计施工总承包（DB）　　　　B.施工承包

C.设计采购施工总承包（EPC）　　D.设计承包

【答案】C

【解析】可行性研究报告批准后发包的，宜采用设计采购施工总承包（EPC）模式。

2.初步设计批准后发包的，宜采用（ ）模式。

A.设计承包　　　　　　　　　　B.施工承包

C.设计采购施工总承包（EPC）　　D.设计施工总承包（DB）

【答案】D

【解析】初步设计批准后发包的，宜采用设计施工总承包（DB）模式。

3.下列情形中，不宜采用工程总承包模式，宜采用施工总承包模式的是（ ）。

A.发包人以施工图项目进行工程计量和计价

B.投标人没有足够的时间或信息仔细审核发包人要求

C.没有足够的时间或信息进行设计、风险评估和估价

D.施工涉及实质性地下工程或投标人无法检查的其他区域的工程

【答案】A

【解析】若发包人以施工图项目进行工程计量和计价，不宜采用工程总承包模式，宜采用施工总承包模式。

考点91　工程总承包费用构成 ★

1.下列费用中属于工程总承包费用中工程费用的有（　　）。
A.研究试验费
B.建筑工程费
C.安装工程费
D.工程总承包管理费
E.设备购置费

【答案】BCE

【解析】工程费用是发包人按照合同约定支付给承包人，用于完成建设项目发生的建筑工程、安装工程和设备购置所需的费用，一般包括建设项目总投资中的建筑工程费、安装工程费和设备购置费。

2.下列费用中属于工程总承包其他费用的有（　　）。
A.施工勘察费
B.施工图设计费
C.检验检测及试运转费
D.设备购置费
E.工程总承包管理费

【答案】ABCE

【解析】工程总承包其他费用是发包人按照合同约定支付给承包人，除工程费用外分摊计入相关项目的各项费用。一般包括建设项目总投资中工程建设其他费中的下列部分费用：①勘察费，如详细勘察费、施工勘察费；②设计费，如初步设计费、施工图设计费、专项设计费；③工程总承包管理费；④研究试验费；⑤临时用地及占道使用补偿费；⑥场地准备及临时设施费；⑦检验检测及试运转费；⑧系统集成费；⑨工程保险费；⑩其他专项费，是指发包人按照合同约定支付给承包人在项目建设期内，用于本工程的专利及专有技术使用费、引进技术和引进设备其他费、工程技术经济等咨询费、苗木迁移、测绘等发生的费用。A、B、C、E选项正确。

考点92　工程总承包合同发生工程变更时变更估价的原则 ★★

1.工程总承包合同中包含价格清单，价格清单中有适用于变更工程项目的，合同价格应（　　）。
A.所执行的变更工程的成本加利润
B.采用该项目的费率和价格
C.参照类似项目的费率或价格
D.成本加利润

【答案】B

【解析】合同中包含价格清单，合同价格应按照如下规则进行调整：①价格清单中有适用于变更工程项目的，应采用该项目的费率和价格；②价格清单中没有适用但有类似于变更工程项目的，可在合理范围内参照类似项目的费率或价格；③价格清单中没有适用也没有类似于变更工程项目的，该工程项目应按成本加利润原则调整适用新的费率或价格。

2.关于工程总承包项目工程变更时合同价款调整原则的说法，正确的有（　　）。

A.合同中未包含价格清单，合同价格应按照所执行的变更工程的成本加利润进行调整

B.价格清单中有适用于变更工程项目的，应采用该项目的费率和价格

C.价格清单中没有适用但有类似于变更工程项目的，可在合理范围内参照类似项目的费率或价格

D.价格清单中没有适用也没有类似于变更工程项目的，该工程项目应按成本加利润原则调整适用新的费率或价格

E.价格清单中有适用于变更工程项目的，承包人可根据当前市场价格进行重新报价

【答案】ABCD

【解析】除专用合同条件另有约定外，当工程总承包项目发生工程变更时变更估价的原则：①合同中未包含价格清单，合同价格应按照所执行的变更工程的成本加利润进行调整。②合同中包含价格清单，合同价格应按照如下规则进行调整：a.价格清单中有适用于变更工程项目的，应采用该项目的费率和价格；b.价格清单中没有适用但有类似于变更工程项目的，可在合理范围内参照类似项目的费率或价格；c.价格清单中没有适用也没有类似于变更工程项目的，该工程项目应按成本加利润原则调整适用新的费率或价格。

考点93　工程总承包进度款与竣工结算 ★★

1.工程总承包的发承包双方应按照合同约定的时间、程序和方法，在合同履行过程中根据完成进度计划的里程碑节点办理期中价款结算，并按照合同价款支付分解表支付进度款，进度款支付比例不应低于（　　）。

A.70%　　　　　　　　　　　　B.80%

C.85%　　　　　　　　　　　　D.90%

【答案】B

【解析】工程总承包合同，进度款支付比例不应低于80%。

2.关于工程总承包合同竣工结算款中说法正确的是（　　）。

A.可调总价合同的竣工结算价为签约合同价，扣减预备费

B.固定总价合同的竣工结算价为签约合同价基础上，扣减索赔金额

C.竣工结算在最终结清后进行

D.可调总价合同的竣工结算价为签约合同价，扣减预备费，考虑合同约定调整价款和索赔的金额

【答案】D

【解析】A选项错误，D选项正确，可调总价合同的竣工结算价=签约合同价－预备费±合同约定调整价款和索赔的金额。B选项错误，固定总价合同的竣工结算价=签约合同价±索赔金额。C选项错误，竣工结算在最终结清前进行。

考点94　国际工程投标报价的程序★★

1.按照国际工程投标报价的程序，投标人在标前会议之前应该进行的工作是（　　）。

A.分包工程询价

B.人工、材料、机械基础单价计算

C.生产要素询价

D.进行各项调查研究

【答案】D

【解析】投标人在标前会议之前应该进行的工作包括：①组织投标报价班子（这是获得成功基本保证）→②研究招标文件→③进行各项调查研究→④标前会议及现场勘查→⑤工程量复核→⑥生产要素与分包询价。D选项正确。

2.国际工程投标中，投标人在投标截止日前一天发现招标工程量清单中某分项工程量有明显的计算错误，则最适宜采取的做法是（　　）。

A.按照施工中可能的工程量填报单价，不做任何额外说明

B.电话咨询招标人，根据招标人口头认可的数量填报单价

C.按照原招标文件的工程量填报单价，另在投标函中予以说明

D.按照投标人修正的工程量填报单价，另在投标函中予以说明

【答案】C

【解析】当发现遗漏或相差较大时，投标人不能随便改动工程量，仍应该按招标文件的要求填报自己的报价，但可另在投标函中适当予以说明。C选项正确。

3.下列投标人在国际工程标前会议上的做法中正确的是（　　）。

A.对招标文件中图纸与技术说明矛盾之处，提出己方的修改意见

B.提出对业主有利的设计方案修改意见

C.详细阐述己方施工方案的优势和竞争力

D.对工程内容范围不清的问题，请业主作出说明

【答案】D

【解析】参加标前会议应注意以下几点：①对工程内容范围不清的问题应当提请说明，但不要表示或提出任何修改设计方案的要求（B选项错误，D选项正确）。②对招标文件中图纸与技术说明互相矛盾之处，可请求说明应以何者为准，但不要轻易提出修改技术要求（A选项错误）。③对含糊不清、容易产生歧义理解的合同条件，可以请求给予澄清、解释，但不要提出任何改变合同条件的要求。④投标人应注意提问的技巧，不要批评或否定业主在招标文件中的有关规定，提问的问题应是招标文件中比较明显的错误或疏漏，不要将对己方有利的错误或疏漏提出来，也不要将己方机密的设计方案或施工方案透露给竞争对手，同时要仔细倾听业主和竞争对手的谈话，从中探察他们的态度、经验和管理水平（C选项错误）。

考点95　国际工程投标报价的组成★★★

1.进行国际工程投标报价时，在工程所在地采购的材料设备的预算价格应包括材料市场价、运输费和（　　）。

A.港口费　　　　　　　　　　　　B.样品费

C.采购保管损耗费　　　　　　　　D.银行手续费

【答案】C

【解析】在工程所在国当地采购的材料设备，其预算价格应为施工现场交货价格。预算价格=市场价+运输费+采购保管损耗费。C选项正确。

2.下列国际工程投标报价组成中属于现场管理费的是（　　）。

A.工程辅助费　　　　　　　　　　B.检测试验费

C.现场试验设施费　　　　　　　　D.工程保险费

【答案】B

【解析】现场管理费包括工作人员费、办公费、差旅交通费、文体宣教费、固定资产使用费、国外生活设施使用费、工具用具使用费、劳动保护费、检验试验费、其他费用等10项。A、D选项错误，属于其他待摊费用。C选项错误，属于开办费。B选项正确，属于现场管理费。

3.在国际工程投标总报价构成中，下列应计入现场管理费的是（　　）。

A.差旅交通费　　　　　　　　　　B.保险费

C.保函手续费　　　　　　　　　　D.现场勘察费

【答案】A

【解析】现场管理费包括工作人员费、办公费、差旅交通费、文体宣教费、固定资产使用费、国外生活设施使用费、工具用具使用费、劳动保护费、检验试验费、零星现场的图纸、摄影、现场材料保管等费用。B、C选项错误，属于其他待摊费用。D选项错误，属于开办费。

4.在国际工程投标报价中，现场管理费应列入（　　）。

A.分包报价　　　　　　　　　　　B.开办费

C.待摊费用　　　　　　　　　　　D.暂定金额

【答案】C

【解析】国际工程投标报价的组成应根据投标项目的内容和招标文件的要求进行划分。其中，现场管理费、临时工程设施费、保险费、税金等是在工程量清单中没有单独列项的费用项目，需将其作为待摊费用分摊到工程量清单的各个报价分项中去。

考点96　开办费 ★

1.下列国际工程施工项目投标报价费用组成中，通常可以计入开办费的是（　　）。
　　A.保险费　　　　　　　　　　　B.劳动保护费
　　C.进场临时道路费　　　　　　　D.经营业务费
【答案】C
【解析】开办费在不同的招标项目中包括的内容可能不相同，一般可能包括以下内容：现场勘察费、现场清理费、进场临时道路费、业主代表和现场工程师设施费、现场试验设施费、施工用水电费、脚手架及小型工具费、承包商临时设施费、现场保卫设施和安装费用、职工交通费、其他杂项。C选项正确。A、B、D选项错误，属于摊销费。

2.国际工程投标总报价组成中，应计入开办费的有（　　）。
　　A.现场勘察费　　　　　　　　　B.临时设施工程费
　　C.施工用水电费　　　　　　　　D.劳动保护费
　　E.现场工程师设施费
【答案】ACE
【解析】开办费在不同的招标项目中包括的内容可能不相同，一般可能包括：现场勘察费、现场清理费、进场临时道路费、业主代表和现场工程师设施费、现场试验设施费、施工用水电费、脚手架及小型工具费、承包商临时设施费、现场保卫设施和安装费用、职工交通费。B选项错误，属于其他待摊费。D选项错误，属于现场管理费。

考点97　单价分析和标价汇总 ★

1.关于国际工程投标报价中分项工程单价分析的说法，正确的有（　　）。
　　A.具有可靠定额标准的企业必须采用定额估价法进行单价分析计算
　　B.匡算估价法适合于工程量较大并且所占费用比例较大的分项工程
　　C.机械搁置时间过长又无法在定额估价中给予恰当考虑时，采用作业估价法计算机械费用更合适
　　D.采用作业估价法进行单价分析，估价师的实际经验直接决定估价的准确程度
　　E.为保证估价的正确与合理性，作业估价法的内容应包括制定施工计划和计算各项作业的资源费用等
【答案】CE
【解析】A选项错误，一般拥有较可靠定额标准的企业，可用定额估价法，定额估价法的应用较为广泛但不是必须用。B选项错误，匡算估价法是估价师根据以往经验直接估算出分项工程中人工、材料的消耗量，适用于工程量不大，所占费用比例较小的分项工程。C选项正确，当机械设备所占比重较大，使用均衡性较差，机械设备搁置时间过长而使其费用增大，而这种机械搁置又无法在定额估价中给予恰当的考虑时，

采用作业估价法更为合适。D选项错误，估价师的实际经验直接决定估价的准确程度指的是匡算估价法。E选项正确，为保证估价的正确与合理性，作业估价法的内容应包括制定施工计划和计算各项作业的资源费用等。

2.国际工程投标报价中，估价师根据以往的实际经验直接估算出分项工程中人、料、机的消耗量，从而估算出分项工程单价的估价方法是（　　）。

A.匡算估价法　　　　　　　　　　B.定额估价法图

C.作业估价法　　　　　　　　　　D.技术测定法

【答案】A

【解析】匡算估价法是指估价师根据以往的实际经验或有关资料，直接估算出分项工程中人工、材料、机具的消耗量，从而估算出分项工程的人、料、机单价。A选项正确。

考点98　国际工程投标报价的技巧★★

1.具有下列特点的国际工程项目中，投标报价适宜采用低价策略的是（　　）。

A.工作简单且支付条件好的工程

B.专业要求高且工期要求急的工程

C.竞争对手少且施工条件差的工程

D.技术复杂且投资规模大的工程

【答案】A

【解析】以下工程适宜采用低价策略：①施工条件好的；②竞争对手多、竞争非常激烈的；③非急需的；④支付条件好的；⑤简单量大都能做的；⑥公司急于打入市场的；⑦公司在附近有工程，便利的。A选项正确。B、C、D选项适合采用报高价策略。

2.关于工程量清单招标中计日工程报价技巧的说法，正确的是（　　）。

A.单纯对计日工程报价应报低价

B.招标文件中有名义工程量的计日工程报高价

C.单纯对计日工程报价应报高价

D.招标文件中有名义工程量的计日工应报低价

【答案】C

【解析】单纯对计日工报价一般报高。如果有名义工程量，则计日工总价一般要计入投标总价的，投标方可合理地对计日工进行报价，既不能过高，也不能过低。C选项正确。

3.在国际工程报价中，投标人为了既不提高总报价，又能在结算中获得更理想的经济效益，运用不平衡报价法时，可以适当偏高报价的有（　　）。

A.能早日结账收款的工程项目

B.预计不可能完全实施的早期工程项目

C.经核算预计今后工程量会增加较多的项目

D.预计工程量可能减少的后期工程项目

E.因设计图纸不明确导致工程量可能增加的项目

【答案】ACE

【解析】一般可以在以下几个方面考虑采用不平衡报价法：①能够早日结账收款的项目（如开办费、土石方工程、基础工程等）可以报得高一些，以利资金周转，后期工程项目（如机电设备安装工程、装饰工程等）可适当降低。②经过工程量核算，预计今后工程量会增加的项目，单价适当提高，这样在最终结算时可获得超额利润，而将工程量可能减少的项目单价降低，工程结算时损失不大。但是上述①、②两点要统筹考虑，针对工程量有错误的早期工程，如果不可能完成工程量表中的数量，则不能盲目抬高报价，要具体分析后再确定。③设计图纸不明确，估计修改后工程量要增加的，可以提高单价，而工程内容说明不清的，则可降低一些单价。故A、C、E选项正确。

考点99　BIM在建设项目中的应用★

1.BIM对工程计价的影响不包括（　　）。

A.提高数据一致性和准确性　　　　　　B.提高计价效率

C.支持价值工程　　　　　　　　　　　D.提供职能决策支持

【答案】D

【解析】BIM对工程计价的影响：①提高数据一致性和准确性；②提高计价效率；③支持价值工程。

2.BIM技术应用效果评价方法可分为（　　）。

A.专业评价和专项评价　　　　　　　　B.定性评价和定量评价

C.中间评价和后评价　　　　　　　　　D.整体评价和单个评价

【答案】B

【解析】BIM技术应用效果评价方法可分为定性评价和定量评价。

考点100　人工智能和大数据的应用★

1.人工智能对工程计价的影响包括（　　）。

A.支持价值工程　　　　　　　　　　　B.提高计价精度和效率

C.限制了工程造价管理　　　　　　　　D.提供智能决策支持

E.强化设计与施工协同

【答案】BDE

【解析】人工智能对工程计价的影响有：①提高计价精度和效率；②提供智能决策支持；③强化设计与施工协同。

2.对大数据进行分析，从中提取出对业务决策有帮助的信息从而实现价值，体现了大数据具有（　　）的特征。

A.规模性　　　　　　　　　　B.多样性

C.价值性　　　　　　　　　　D.时效性

【答案】C

【解析】大数据具有"4V"特征，即规模性（Volume）、多样性（Variety）、价值性（Value）和时效性（Velocity）。价值性（Value）：在大量数据中只有一小部分具有价值，即价值密度相对较低。对大数据进行分析，从中提取出对业务决策有帮助的信息，才能实现价值。

第三部分 触类旁通

1.单利与复利

单利公式：$F=P(1+n\times i)$。

复利公式：$F=P(1+i)^n$。

2.名义利率与有效利率

计息周期有效利率：$\dfrac{年名义利率}{一年中计息周期数}$。

年有效利率 $i_{eff}=\left(1+\dfrac{年名义利率}{一年中计息周期数}\right)^{计息周期数}-1$

3. P、A、F 的计算

资金等值计算公式

等值计算	计算式	符号	复利系数
一次存取 P 与 F 的关系	$F=P(1+i)^n$	$(F/P, i, n)$	一次支付终值系数 $(1+i)^n$
	$P=F(1+i)^{-n}$	$(P/F, i, n)$	一次支付现值系数 $(1+i)^{-n}$
买保险 A 与 F 的关系	$F=A\dfrac{(1+i)^n-1}{i}$	$(F/A, i, n)$	年金终值系数 $\dfrac{(1+i)^n-1}{i}$
	$A=F\dfrac{i}{(1+i)^n-1}$	$(A/F, i, n)$	偿债基金系数 $\dfrac{i}{(1+i)^n-1}$
还房贷 A 与 P 的关系	$P=A\dfrac{(1+i)^n-1}{i(1+i)^n}$	$(P/A, i, n)$	年金现值系数 $\dfrac{(1+i)^n-1}{i(1+i)^n}$
	$A=P\dfrac{i(1+i)^n}{(1+i)^n-1}$	$(A/P, i, n)$	资金回收系数 $\dfrac{i(1+i)^n}{(1+i)^n-1}$

4.投资回收期

每年净收益相同：$P_t=\dfrac{总投资I}{年净收益A(年净现金流量)}$。

每年净收益不同：$P_t = T - 1 + \dfrac{|T-1\text{年累计净现金流量}|}{\text{第}T\text{年的净现金流量}}$。

5.财务净现值

$$\text{FNPV} = \sum_{t=0}^{n}(CI-CO)_t(1+i_c)^{-t} = 0$$

6.盈亏平衡分析

盈亏平衡点产销量$Q = \dfrac{\text{固定成本}C_F}{\text{单位产品售价}p-\text{单位变动成本}C_u-\text{单位税金及附加}T_u}$

生产能力利用率$= \dfrac{\text{盈亏平衡点产销量}Q}{\text{设计生产能力}Q_d} \times 100\%$

产品售价表示的盈亏平衡点$P = \dfrac{\text{年固定成本}C_F}{\text{设计生产能力}Q_d} + \text{单位产品变动成本}C_u + \text{单位产品税金及附加}T_u$

7.敏感度系数

敏感度系数$S_{AF} = \dfrac{\text{指标的变化率}}{\text{因素的变化率}}$

8.沉没成本

沉没成本=账面价值-当前市场价值

9.设备经济寿命估算

$\overline{C}_N = \dfrac{P-L_N}{N} + \dfrac{1}{N}\sum_{t=1}^{N}C_t$；$N_0 = \sqrt{\dfrac{2(P-L_N)}{\lambda}}$。

10.租金计算

附加率法：$R=$设备价值/租赁期+设备价值×年利率+设备价值×附加率。

年金法：期末支付，$R_a = P\dfrac{i(1+i)^N}{(1+i)^N - 1}$；期初支付，$R_b = P\dfrac{i(1+i)^{N-1}}{(1+i)^N - 1}$。

11.价值工程

$$V = \dfrac{F}{C}$$

12.静态会计等式和动态会计等式

静态会计等式：资产-负债=所有者权益。

动态会计等式：利润=收入-费用。

13.固定资产折旧

年折旧额 = $\dfrac{\text{设备原值-残值}}{\text{折旧年限}}$

台班折旧额 = $\dfrac{\text{设备原值-残值}}{\text{总工作台班}}$

14.建造施工合同当期收入的确认

合同结果能够可靠估计时建造（施工）合同收入的确认（完工百分比法）

第一步：计算完工进度。

（1）根据累计实际发生的合同成本占合同预计总成本的比例确定；

（2）根据已经完成的合同工作量占合同预计总工作量的比例确定；

（3）根据已完成合同工作的技术测量确定，如水下施工工程。

第二步：完工百分比法计算。

当期收入=合同总价款×完工进度-之前已付工程款

15.营业利润、利润总额和净利润

营业利润=营业收入-营业成本-税金及附加-销售费用-管理费用-财务费用-资产减值损失+公允价值变动收益（损失为负）+投资收益（损失为负）

利润总额=营业利润+营业外收入-营业外支出

净利润=利润总额-所得税费用

16.应纳税所得额

应纳税所得额=收入总额-不征税收入-免税收入-以前亏损-各项扣除

17.偿债能力比率

资产负债率 = $\dfrac{\text{负债总额}}{\text{资产总额}} \times 100\%$

流动比率 = $\dfrac{\text{流动资产}}{\text{流动负债}}$

速动比率 = $\dfrac{\text{速动资产}}{\text{流动负债}}$

利息备付率 = $\dfrac{\text{息税前利润}}{\text{当期应付利息}}$ = $\dfrac{\text{当期应付利息+利润总额}}{\text{当期应付利息}}$

偿债备付率 = $\dfrac{\text{可用于还本付息的资金}}{\text{本息总额}}$

18.营运能力比率

总资产周转率（次数）	$\dfrac{\text{主营业务收入}}{(\text{期初资产总额}+\text{期末资产总额})\div 2}$
流动资产周转率（次数）	$\dfrac{\text{主营业务收入}}{(\text{期初流动资产}+\text{期末流动资产})\div 2}$
存货周转率（次数）	$\dfrac{\text{营业收入或营业成本}}{(\text{期初存货}+\text{期末存货})\div 2}$
应收账款周转率（次数）	$\dfrac{\text{营业收入}}{(\text{期初应收账款}+\text{期末应收账款})\div 2}$

19.盈利能力比率

权益净利率（净资产收益率）	$\dfrac{\text{净利润}}{(\text{期初股东权益总额}+\text{期末股东权益总额})\div 2}\times 100\%$
总资产净利率	$\dfrac{\text{净利润}}{(\text{期初资产总额}+\text{期末资产总额})\div 2}\times 100\%$

20.发展能力比率

营业收入增长率	$\dfrac{\text{本期营业收入增加额}}{\text{上期营业收入总额}}\times 100\%$
资本积累率	$\dfrac{\text{本年所有者权益增长额}}{\text{年初所有者权益}}\times 100\%$

21.个别资金成本与综合资金成本

资金成本 $=\dfrac{\text{资金占用费}\times(1-\text{所得税税率})}{\text{筹资净额}}$

综合资金成本 $=\sum(\text{第}j\text{种个别资金成本}\times\text{个别资金占全部资本的比重})$

22.放弃现金折扣的成本

放弃现金折扣成本 $=\dfrac{\text{折扣百分比}}{1-\text{折扣百分比}}\times\dfrac{360}{\text{信用期}-\text{折扣期}}$

23.现金持有量

最佳现金持有量 $=\min(\text{机会成本}+\text{管理成本}+\text{短缺成本})$

24.经济采购批量的计算

$$Q^* = \sqrt{\frac{2 \times 年度采购总量 \times 一次订货变动成本}{单位储存变动成本}}$$

25.进口设备购置费的计算

①设备购置费=进口设备抵岸价+设备运杂费。

②离岸价=装运港交货价。

③到岸价=离岸价+国外运费+国外运输保险费。

④抵岸价=到岸价+银行财务费+外贸手续费+进口关税+消费税+增值税。

国外运费	离岸价×国外运费费率
国外运输保险费	$\dfrac{离岸价+国外运费}{1-国外运输保险费率} \times 国外运输保险费率$
银行财务费	离岸价×人民币外汇牌价×银行财务费率
外贸手续费	到岸价×人民币外汇牌价×外贸手续费率
关税	到岸价×人民币外汇牌价×进口关税率
消费税	$\dfrac{到岸价 \times 人民币外汇牌价+关税}{1-消费税率} \times 消费税率$
增值税	（到岸价+关税+消费税）×增值税税率 组成计税价格×增值税税率

26.基本预备费和价差预备费

基本预备费=（设备及工器具购置费+建筑安装工程费+工程建设其他费）×基本预备费率

价差预备费：$P = \sum\limits_{t=1}^{n} 静态投资 I_t \times \left[(1+价格上涨率 f)^{建设前期年限+建设第t年-0.5} - 1 \right]$。

27.建设期贷款利息

$$Q_j = \left(P_{j-1} + \frac{1}{2} A_j \right) \cdot i$$

当年利息：当年借款半年计息，之前借款全年计息。

累积利息：按年计息，最后累加。

28.周转性材料消耗

捣制木模板	预制模板
一次使用量=净用量×（1+操作损耗率） 周转使用量=$\dfrac{一次使用量 \times [1+(周转次数-1) \times 补损率]}{周转次数}$ 回收量=$\dfrac{一次使用量 \times (1-补损率)}{周转次数}$ 摊销量=周转使用量-回收量×回收折价率	一次使用量=净用量×（1+操作损耗率） 摊销量=$\dfrac{一次使用量}{周转次数}$

29.人工消耗量

人工消耗量=基本用工+超远距用工+辅助用工+人工幅度差用工

人工幅度差用工数量=∑(基本用工+运距用工+辅助用工)×人工幅度差系数

30.材料单价

材料单价={(供应价格(原价)+运杂费)×[1+运输损耗率(%)]}×[1+采购及保管费费率(%)]

加权平均原价=$\dfrac{\sum 不同供应地原价 \times 购置量}{材料总量}$,加权平均运杂费=$\dfrac{\sum 不同运距的运费单价 \times 购置量}{材料总量}$。

①两票制公式如下:

不含税材料原价=$\dfrac{供应价格(含税)}{1+13\%}$,不含税运杂费=$\dfrac{运杂费(含税)}{1+9\%}$。

②一票制公式如下:不含税材料原价=$\dfrac{供应价格(含税)}{1+13\%}$,不含税运杂费=$\dfrac{运杂费(含税)}{1+13\%}$。

31.施工机械台班单价

施工机械台班单价=折旧费+检修费+维护费+人工费+安拆费及场外运费+燃料动力费+其他

台班折旧费=$\dfrac{机械预算价格 \times (1-残值率)}{耐用总台班}$

耐用总台班=折旧年限×年工作台班=检修间隔台班×检修周期

检修周期=检修次数+1

台班检修费=$\dfrac{一次检修费 \times 检修次数}{耐用总台班}$×除税系数

除税系数=自行检修比例+$\dfrac{委外检修比例}{1+税率}$

台班维护费=台班检修费×K(维护费系数)

台班人工费=人工消耗量×(1+$\dfrac{年制度工作日-年工作台班}{年工作台班}$)×人工单价

32.概算指标局部调整

结构变化修正概算指标=原概算指标+换入结构工程量×换入结构人、料、机单价-换出结构工程量×换出结构人、料、机单价

33.总概算价值

总概算价值=工程费用+工程建设其他费用+预备费+建设期利息+铺底流动资金-回收资金

34.工程量清单计价

(1)工料单价法:工料单价=人+料+机。

(2)综合单价法:综合单价=人+料+机+企+利。

(3)全费用综合单价法:综合单价=人+料+机+企+利+规+税。

分	∑分部分项工程量×分部分项工程综合单价
措	∑（措施项目工程量×措施项目综合单价）+∑单项措施费
其	其他项目费=暂列金额+暂估价+计日工+总包服务费+其他
规	按有关部门的计算公式和费率标准计算
税	按有关部门的计算公式和费率标准计算

单位工程报价=分+措+其+规+税

单项工程报价=∑单位工程报价

总造价=∑单项工程报价

35.工程量偏差导致工程价款调整

某工程，招标工程量为Q_0，投标报价综合单价为P_0，招标控制价为P_2，实际完成工程量为Q_1。

第一步，先调量。

（1）$Q_0(1-15\%) \leq$ 实际工程量$Q_1 \leq Q_0(1+15\%)$，招标报价的综合单价P_0不需要调整，工程款为$P_0 \times Q_1$。

（2）实际工程量$Q_1 > Q_0(1+15\%)$，招标报价的综合单价P_0需要调整，调整为P_1，工程款为$P_0 \times Q_0(1+15\%) + P_1 \times (Q_1 - 1.15Q_0)$。

（3）实际工程量$Q_1 < Q_0(1-15\%)$，招标报价的综合单价P_0需要调整，调整为P_1，工程款为$P_1 \times Q_1$。

第二步，再调价。

（1）$P_2(1-L)(1-15\%) \leq$ 投标报价$P_0 \leq P_2(1+15\%)$，新综合单价仍采用原来的投标报价P_0。

（2）投标报价$P_0 > P_2(1+15\%)$，新综合单价需要调整，调整为P_1，$P_1 = P_2 \times (1+15\%)$。

（3）投标报价$P_0 < P_2(1-L)(1-15\%)$，新综合单价需要调整，调整为P_1，$P_1 = P_2(1-L)(1-15\%)$。

36.市场价格波动引起的调整

价格指数法：$\Delta P = P_0 \left[A + \left(B_1 \times \dfrac{F_{t1}}{F_{01}} + B_2 \times \dfrac{F_{t2}}{F_{02}} + B_3 \times \dfrac{F_{t3}}{F_{03}} + \cdots + B_n \times \dfrac{F_{tn}}{F_{0n}} \right) - 1 \right]$。